講談社

本屋の新井

新井見枝香

講談社

本屋の新井

新井見枝香

講談社

はじめに

　小学校のクラスメイトには、家が豆腐屋の子も、喫茶店の子も、ラブホテルの子も、いた。今から30年前の台東区根岸、駅でいえば山手線の鶯谷の話だ。今ではそこに、駐車場やコンビニがある。

　時代小説の舞台になることも多い下町だが、天秤棒で魚や豆腐を売り歩く「ぼてふり」は、もう見ることができない。時代が変わり、必要とされなくなった商売だからだ。

　しかし、江戸時代から遊郭だった吉原は、ソープ街として今も健在だ。

　私はそこに何か感じるものがあって、中でも最高級のソープ店「M」の扉を叩いたことがある。見学を兼ねた面接であったが、オーナーに鼻で笑われて不採用となったことはもう、時効だろう。まだ高校生だった。

　私は必要とされなかったが、需要がある限り、その商売は消滅しない。

　村田沙耶香の小説『消滅世界』では、人工授精で子を

授かるのが当たり前の、セックスレスな時代が訪れていた。ソープ嬢もラブホテルの経営者も、コンドーム工場の作業員も、淡々と転職をしたのだろう。必要とされない職業に従事し続けることはできない。

　この本は、出版業界唯一の専門紙『新文化』の連載をまとめたものである。

　現役書店員によるコラムは、ネタが尽きることもなく100回以上続いている。その間にたくさんの書店がなくなり、多くの仲間が業界を離れていった。それでも、書くことで何かを変えたいという気持ちは未だに湧いてこない。

　本屋で働くことに、特別な意味を見出せていないし、無理に続ける気もないのだ。仕事がなくなれば別の仕事を探すまでよ。

　それは、悲しいことでもかわいそうなことでもない。ちょっと面倒くさいだけの話だ。

　苦境に立たされつつも本を愛する健気な書店員をお求めなら、それは人違いである、と今から断っておく。シャンプーに「リンスではありません」と表示するくらい親切だな。

カレーにたとえるなら、私が提供できるのは、神保町の名店ボンディやエチオピアのそれではない。

　何でもない日に私が夕飯に食べるための、新井家カレーである。

　他人の家のカレーは、食べてみると「なんかちがう」と感じるものだろう。そこが面白さだ。口に合わなけりゃウスターソースをドバドバかけても、めんつゆでのばしてカレーうどんにしてもいい。私だって「なんかちがう」と首を傾げている。正解なんてそもそもないのに。

　さぁ、期待を捨てて、ハードルを極限まで下げて。

　自分が酷評されないための予防線ではない。

　そうすりゃ大抵のカレーは美味しく、どんな本でも面白いのだ。

　私はいつも、そうして生きている。

一銭も出ない
内職とかやってます。

子供の頃、お風呂掃除をすると、勉強机に500円の図書券が1枚置かれていた。

今考えると、そんな割のいいアルバイトはこの世にない。毎日やればよかった。

母親にしたら、500円玉をあげるのと図書券をあげるのでは、意味が違ったのだろう。しかし私にしてみれば、欲しいものがたいてい買える紙きれ、つまりお金とほとんど同義だった。

現在は図書券の発行が終わり、書店で買えるのは図書カードのみだ。アンケートの謝礼などで使うのか、出版社が図書カードをまとめ買いすることがある。「貴店でたくさん買わせてもらいましたよ！」などと声を掛けられれば、もちろんその気持ちがうれしいのだが、ふと思う。

利益率が5％ってことを、知っているのだろうか。

これは別に、知らないことを責めるとかそういうことではないのだ。

ふと思った理由はうまく言葉にできない。

物をお店で売るには、場所代も電気代も人件費もかかるから、5％しか利益がない商品を扱うことはあんまり

ないと思う。

　その図書カードで本を買ってもらえた場合、確かに本の分の利益はいったん出る。だが、そこからは手数料として図書カードの会社に５％支払わなければならない。つまり図書カードを売った利益がきれいに消える。その消える瞬間を目の当たりにしたことはないが、そういうもんだと知ったとき、おぉ、と思った。お店屋さんというのは、どんなにきれいなことを言ったって、利益を生まなければ存在できない。だからそこは確実なものだと信じ込んでいた。でも、案外利益というのは儚（はかな）い。その、おぉ、だ。

　目と鼻の先に金券ショップがある書店でも、図書カードは必ず売れる。あちらではちょっとだけ安く買えるのにもかかわらず。

　それは、贈り物用に包む無料サービスがあるからだ。図書カードの需要は、断然自分用より贈り物用である。

　薄っぺらい物で何かをきれいに包むという能力が著しく低い私にとっては、とても苦手なお仕事のひとつだった。料理はわりと得意だが、包んだワンタンは火にかけると必ず皮と具に分かれる。人にはどうしてもできるようになれないことがあるのだ。

今から500円と1000円の図書カードを300枚ずつ買い
に行くので包んでおいてね、という注文が入ると、売り
場のスタッフが作業を中断し、休憩室でカップラーメン
を啜っていたスタッフが駆り出され、月報作成中の店長
まで加わって、一斉にワイワイ内職が始まる。約1名、
足を引っ張るが、この中身は何千円の図書カードです、
みたいなあんちょこ付箋を作って貼ったりすることはで
きる。

　忙しい忙しいって、一体何やってんの？　本屋なんて
ハタキかけるくらいでしょ？　と書店員じゃない友人に
言われたことがある。

　1銭も出ない内職とかやってます。

10年分の
愛を込めて、
POPを書きます。

10年ぶりの王子は、洗いざらしの白いTシャツ一枚で現れた。思い出の中では、制服だった蛍光ウィンドブレーカーを着ていたから、むき出しの腕にドキッとしてしまう。

「今日はよろしくお願いいたします」

　仕事相手としては、不自然に長い時間、見つめ合う。

「全然変わってないね」

「王……秋山(あきやま)さんも」

　ゲストの秋山真太郎(しんたろう)さんは、劇団EXILEのメンバーだ。ショートショート作家・田丸雅智(たまるまさとも)さんの作品をラジオ番組で朗読したことが縁で、一緒にトークイベントを開催することになった。10年以上前、池袋のアイスクリーム屋で働いていた私は、隣のカラオケ屋で呼込みのアルバイトをしていた秋山さんに恋心を抱き、密かに「王子」と呼んで、せっせとアイスクリームを差し入れしていた。彼はラムレーズンが好きだった。

　その彼が今、私の職場の事務所にいるだなんて。

　事情を知っている田丸さんが気を利かせたのか、しばらく2人きりの時間があり、思い出話をひとしきりする

と、ショートショートの話になった。

　田丸さんとの出会いがきっかけで、そのおもしろさに
目覚めたと話す王子の目は、もろタイプどストライクで
あることを抜きにしても、眩しくきらめいていて、つい
あの頃の気持ちがぶり返しそうになる。長崎から上京し
て、将来の夢を語っていたあの目と、何も変わっていな
い。

　イベントでは、田丸さんと2人で即興ショートショー
トを作り、あの頃よりも張りのある声で、朗読もしてく
れた。会わない間、どれだけ俳優としての稽古を積んだ
のだろう。

「秋山さん、今日はありがとう。またいつか……」

　小説家なら、次の新刊が出る時に、また一緒に仕事が
できるかもしれない。でも、劇団EXILEに書店が絡む
ことは、そうそうない。

「実は今、ショートショート書き溜めてる。本を出した

いんだ」

「えっ本当？　すごい……」

「俺の本に、POP書いてくれるか？」

「私でよければ」

　新井、10年分の愛を込めて、POPを書きます。たとえその左手の薬指に、光るものがあっても。

ＰＯＰ研究を
引き継いでくれる人材は、
まだ見つかっていない。

の時、プロポーズを受けていたら今頃は……。
という後悔は無意味だ。

　私は一人しかいないし、その時のその瞬間はもう二度と訪れない。だから、どちらがより幸せだったかを比べることはできない。

　それと同じ感覚で、私は本に手書きPOPを付ける。その本がどれだけ売れるかも、POPを付ける場合と付けない場合とで同時に比較することができないからだ。

　だから業務ではなく趣味と位置付けることで、結果を考えないようにしてきた。付けたいから付ける。お邪魔になったらごめんなさいよ。ただの自己満足だ。

　営業している限り棚整理が終わることはないし、埃は絶え間なく降り積もるから、成果が約束されないPOPは、どうしても時間外に書くことになる。

　元来そういった作業を得意としない私は、休日をそれに費やすことに、負担を感じていた。

　誤解しないでほしいのだが、POP作成ではなく、販促が趣味なのだ。

しかし、営業本部に異動して、チェーン全体を見る立場になると、ある実験ができることに気付いた。その途中経過を、ここに報告する。

　ほぼ同規模の店舗で、同じ本を同じ面数積み、片方の店舗にだけ手書きPOPを付けた。すると、5倍10倍とみるみる売上げ冊数に差がついていった。
　厳密には違う店舗であり、客層だって異なる。だが、比較データを積み上げることである程度の証明ができれば、「POPを書く」ということが、重要な販促業務として認められる日が来るかもしれない。もっと確信を持って、POPを付けることができるかもしれない。

　それが証明できるのは、売り場を離れた私しかいないのだろう。
　ただ、絶望的に研究員体質ではなかった。
　売り逃している店舗をじっと観察することができない。データを取るより先に、体が動いてしまう。研究対象に思い入れが強すぎて、このままでは「超売れてるんだから！」と、データ改竄に手を染める可能性も大いにあった。

そしてまことに、まことに残念なことに、私はわずか
1年で現場復帰することになってしまった。
　POP研究を引き継いでくれる人材は、まだ見つかっ
ていない。

あの母親は私だ。殺された子供も私だ。

第 154回「芥川・直木賞」とほとんど時を同じくして、第4回「新井賞」が発表された。

角田光代さん『坂の途中の家』。

　角田さんは誰もが知っている超人気作家である。今さらあんたに言われんでも知っとるわ！　と鼻で笑われそうだが、仕方ない。この半年で「本当にいちばん面白かった小説」が新井賞なのだと決めてしまったのだから。これは発掘でも批評でも応援でもない。ただ、その小説がどうしようもなく好きなだけだ。最早、誰が書いたのかも考えていない。賞金がないから受賞者に連絡する必要もないし、伝えたところで喜んでもらえるとも思っていない。

　だから「新井賞だなんて偉そうに」なんて言わないでほしい。その一冊を好きだと大声で言うことに、偉いもクソもない。その本の価値は何も変わらないし、それ以外の本にも、影響を与えない。

　物語の主人公は、小さな子供を持つ母親で、彼女はある日、「補助裁判員に選ばれました」と連絡を受ける。

　担当する事件は母親の子殺しで、自分と似たような境

遇の女を正しく裁かなければいけなくなった。

　誠実で客観性と想像力があって、自分に正直であろうとすればするほど、人を裁くのに苦しむ。自分と加害者は一体何が違うのか。自分は絶対にあの女のようにはならないと、どうして言い切れるのか。

　大晦日に読み始めた私は、激しく顔を歪めながら食らいつくようにページをめくり、強烈な恐怖にジャバジャバと涙を流しながら年を越した。初詣に行くこともなく、そのまま倒れ込み、初夢は憶えていないが、「ちがうっ！　そうじゃない！」と叫んで飛び起きたことは、一生忘れない。人はそれを、最悪な年越しと言うかもしれないが、一生忘れないのは、忘れられないのではなく、その気持ちを絶対に忘れてはならないと決意したからだ。

　あの母親は私だ。殺された子供も私だ。彼女を追い詰めたのも私だ。私の本当は誰にもわかってもらえなくて、そのうち私も私の本当がわからない。

いずれも
鼻の下を伸ばして
熱中していた。

小説家の柚木麻子さんが『名作なんか、こわくない』というタイトルのエッセイ集を出したが、まさにそのタイトル通り、私にとって名作とは、こわいものであった。

名作といわれる本をこのまま読まずに死んだって別に何も恥じることはないし、実際に読んでいる人がみな素晴らしい人間かといえば、私の統計上、全然そんなことはない。

そもそも私をこわがらせたのは、名作の素晴らしさをよくご存知の方たちなのだから。

読んでいないことをさも重大な欠陥のように騒ぎ立て、結果的に読んでいないことを謝らせる。エーッ！読んでないの？　って、うるせーな！　すいませんよ！

『名作なんか、こわくない』で紹介されているモーパッサンやスタンダールは、主に新潮や岩波の文庫本である。何十年何百年と読み継がれ、絶版になる気配もない。それらはまるで景色のように、いつも棚にあった。だが、データを見ればちゃんと売れて、回転しているのである。時代が変わっても、いつも誰かが、それを読みたいと思っているのだ。

長く愛されているものには、それだけの理由があるのだろう。

　ヤマザキの菓子パン「ナイススティック」のように。

　時折、マロンや抹茶などをサンドすることもあるが、決して定番ミルククリームの人気は揺るがない。

　菓子パンとモーパッサンを一緒にするなと仰るか。

　そういうところがいけない。文学は菓子パンよりえらいと、どっかで思っている。しかしナイススティックの出荷量は今でも年間7000万本だ。7000万部売れた本がこの国にあるか？　なめてはいけない。

　それでいうと、柚木麻子さんにかかれば、バルザックも有吉佐和子も、大好きなゴシップとか海外ドラマとか、グミとかハロプロとかと同じ「好き」に横並びだ。彼女の中には優劣がなく、楽しむ姿勢も一緒である。名作なんか大好きだし、それでいいのだとばかりに。

　そういえば私だって、中学の授業中、教科書に重ねて文庫本を熱心に読んでいたではないか。

　角川ルビー文庫のムフフなボーイズラブのときもあれば、新潮文庫の谷崎潤一郎のときもあったが、いずれも鼻の下を伸ばして熱中していた。

お待たせしました、
さあどうぞ。

母

の愛　布団に仕込んだ湯たんぽで　娘は足を低温やけど……（字余り）

　心優しい母には、とても言えなかった。おはぎ大の、まさに粒あんおはぎのような色と質感の傷が、右のふくらはぎに２つ。ショックを受けるだろうから、絶対秘密にしなければならない。

　忙しさにかまけて病院へは行かず、マキロンだけで3週間。事務所で椅子がチョンと足に触れた瞬間、あおぉぉーんと発情した猫のように鳴いてしまい、上司にバレた。すでに膝下全体が変色し、パンパンに腫れ上がっていた。

　壊死したおはぎ部分をハサミで切除し、スプーンでザクザクと膿を掘り出すワイルドな治療は、麻酔なしを希望した。屈強な男性でも絶叫し、麻酔を懇願するという激痛。じっと沈黙する私を見て、なんて我慢強い子だ、と感心する老外科医師。

　しかし私はそれどころではない。いいからはよ処方箋

を書いとくれ。低温やけどを甘くみた私が悪かったが、ここでじいさんとのんびりおしゃべりしている時間はないのだ。

坂木 司さんの新刊が、あの大ヒット小説『和菓子のアン』待望の続編『アンと青春』が、今頃入荷してきているはずなのだから。

麻酔をしなかったおかげで、スタスタと早足でお店に戻ることができた。

「素敵な新刊がブックトラックに乗ると1秒でも早く棚に出したい病」が、私に痛みを忘れさせたのだった。ああほら、出した瞬間から売れていく。お待たせしました、さあどうぞ。

和菓子屋のアンちゃん、ありがとう。でも、しばらくおはぎは食べたくありません。

コロッケを
高く買っているのか、
とんかつを
安く買っているのか。

有機野菜やビンテージワインのように、手間や時間をかけたものが割高になるのは、シンプルな理屈である。

しかし、本と揚げ物は複雑だ。

本は、3日で書けたから1冊300円でいい、取材で海外に行ったから1万円でなきゃ赤字だ、という値段の付け方はしない。体裁によって相場があり、たいてい似たような価格になっている。

肉屋で売っている揚げ物にも相場があり、とんかつより高いコロッケは見たことがない。『キテレツ大百科』のテーマ曲で、そこそこ手間がかかる料理であることは全国的に知られているはずだが、コロッケはなにしろ材料が安いのである。

本の材料となるのは、原稿だ。どこかで連載していたものよりも、未発表の書き下ろし原稿のほうが価値が高いはずだが、なぜ揚げ物と違って価格に反映されないのか。

……と、不満を抱くのは書いた側だけであり、フラットな視点で考えると、さらに理屈は複雑化する。

出版社が肉屋だとして、コロッケのように値段を付けるなら、連載の原稿料を支払っていない分、つまり材料を安く手に入れた分、書き下ろしの本は安くなるはずだ。

　はたして我々読者は、コロッケを高く買っているのか、とんかつを安く買っているのか。

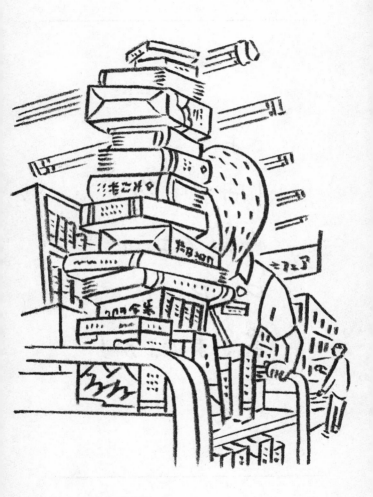

さあさ、
1冊でも多く
売れるように、
POPでも
書きまひょか！

むかーし昔、この日本には、書店の店頭に本を積めば勝手に売れていく時代があったそうな。その夢のような過去を懐かしむ先輩書店員は、なんとまだご存命だ。定年にもなっていない。前世の記憶でもなさそうだ。うーん、信じられない。

　積むだけでいいなら、商品さえ切らさなければいい。売れ残る心配がないなら、出版社はバンバカ刷ってくれるだろう。売上げ絶好調なら、店長が人件費に頭を悩ませることもない。

　それはとても素敵なことだが、髙田 郁さんの時代小説『あきない世傳　金と銀』が面白すぎて言葉尻が訛ってしまうほどのめり込むタイプの私には、ちょっと物足らないのでおます。

　ものが売れないのは平成の今だけじゃない。物語の享保期も同じで、奉公先の呉服商は、遊郭通いに夢中のダメ長男が店主となったせいもあって、商いは大変苦しい状況だった。女子に学は要らんと言われた時代。それも女衆である主人公の幸は、ただひたすら鍋の底を磨くだ

けで、美しい反物に触れることも許されない。

　しかし賢い幸には、商いの才能があった。工夫をしてものを売る能力に長けていたこともあるが、何よりそういうことが楽しくて仕方なかったのだ。わかる、わかるよ、お幸どん！

　売れない時代に売れたら、喜びもひとしお。工夫の成果が見えるのも、売れない時代ならでは。

　さあさ、１冊でも多く売れるように、POPでも書きまひょか！

シャッター音が、
「いいねー」に聞こえる
こともあると知った。

涙で滲む画面を睨み、読み終えたばかりの本について、文字数いっぱいに綴った渾身のツイートが、昨日の晩飯のラーメン写真に、「いいね！」の数で負けた。文章はたった10文字。「アブラヤサイマシマシ」。やりきれない。

　画像は雄弁だ。写真集の中の思わず息を呑む一頁、3日後でも思い出すだけで笑える4コマ、それを写真に撮ってSNSにあげれば、言葉を尽くして投稿するより、パッと世界中に拡散されることだろう。
　本屋はシャッターチャンスの宝庫なのだ。

　しかし現状は【店内での撮影はご遠慮ください】。
　そうせざるを得ないことは理解できる。スマホが普及し始めた頃、料理本のレシピ部分を撮影したり、地図をめいっぱい広げて、カシャッと地図をお持ち帰りする人がいたから、書店はそういう風にお願いをするしかないのが現状だ。

　こんなにいいものが並んでいるのに、やばいくらい楽しい場所なのに、扱う商品の特性上、守ろうとすると閉

じてしまう。

あきらめるしかないのかな。そんな時、サイン会に参加されたお客様と、ツイッター上でつながった。その場で撮影した著者とのツーショットを、本人の了解を得た上でアップしていた。

緊張しつつもとろける笑顔と、怖そうなイメージの作家のひょうきんなポーズを収めた一枚が、大きな反響を呼んでいた。これだ。本屋ならではのシャッターチャンス。

「私もラーメンで口のまわりをギトギトにしたい」と思わせるように、「私も好きな作家に会ってこんな風に笑いたい」と、そう思わずにはいられないだろう。

書店員にとって神経を尖らすものでしかなかったシャッター音が、「いいね!」に聞こえることもあると知った。

せめて焼き鳥屋の
ホスピタリティを
見習いたい。

108 円が１点、108円が２点……。100円ショップの店員が唱える「ひゃくはち」が、どうも耳につく。カゴいっぱいにお菓子を買った己の煩悩を数え上げられているようで、後悔と不安が押し寄せるのだ。

　その点、行きつけの焼き鳥屋はいい。焼き上がったそばから勝手に取って、欲望のまま貪り食い、満腹になる頃には何をどれだけ食べたのかわからなくなるのだが、串は１本70円均一で、会計は明朗。カウンターに残った串の数を店員に伝えるだけだ。印象に残るのは本数だけで、いくら使ったかは大抵憶えていない。だから懲りずに、また行ってしまう。

　書店員になりたての頃、実は私も100円ショップ方式で会計をしていた。1575円の単行本が１点、410円のコミックが１点という風に、馬鹿丁寧に。

　しかしある時、カゴいっぱいの写真集や詩集を会計するお客様の幸せそうな顔が、値段を読み上げるたびにこわばっていくのを見て、焼き鳥屋方式に変えた。１万円も本を買ってしまったと思えば後悔するかもしれないが、本を３冊も買ったという事実には、喜びしかない。東京ディズニーランドがパスポート制なのは、そういう

理由からだと思うのだ。

　ビッグサンダー・マウンテンの入口で「大人1名1680円です」などと、いちいち値段を聞きたいだろうか。それはもはや夢の国ではない。

　本屋が着ぐるみを着る必要はないけれど、せめて焼き鳥屋のホスピタリティを見習いたい。

ただの露出狂書店員に

なってしまう。

　　ユ　ニクロのブラカップ付きタンクトップの快適さ
　　　　が気に入って、数枚まとめ買いをした。ある文
学賞のパーティーへも、私はお気に入りのそれを着て出
かけた。

　大きく開いたデコルテには、ルビーのネックレス。ラ
メ入りパウダーをはたくことも忘れない。しかし、自慢
の鎖骨より、バストに視線を感じる。私の制服姿しか見
たことがない作家や編集者は、意外とグラマーな私に驚
いているのだろう。日本人の平均的サイズを下回る私の
胸だが、縫い付けられたカップは、ユニクロが想定した
Mサイズをキープしている。私は半分ウレタンの胸を、
堂々と張った。

　ところがパーティーの帰りに職場へ寄ると、同僚のS
さんが言った。

「それ、下着ですよね」

　私は彼女の様子を冷静に観察する。さながら『サイレ
ント・ヴォイス』の主人公のように。

行動心理捜査官である女刑事は、嘘をついている時に
表れる「なだめ行動」で容疑者の嘘を見抜く。私はその
小説を愛読したおかげで、すっかり〝嘘が見抜ける書店
員〟になっていた。

「やだなＳさん、からかうのはやめてくださいよ」

「いやいや、どう見ても下着です」

　Ｓさんよ、どうか髪を触ったり激しく瞬きをしたりと
いった「なだめ行動」をしてくれないか。そうでないと
私は、ただの露出狂書店員になってしまう。

その論法、一体誰がしあわせになるの？

文化を扱う本屋たるもの？　おおっぴらに商売っ気を見せてはいけないらしい。

それを感じたのは、自分がイベントの企画に携わるようになってからだ。

私は常に「自分が参加者だったら」を基準に考える。それしか確実にわかる正解がないからだ。

アイドルの握手会は、それ専門の書店で開催することが多いが、スケジュールなどの都合で、稀に話が舞い込むことがある。

専門店のイベントページを見ると、細かい条件がびっしりと明記されており、同じ書店とはいえ、2、3回読んだだけでは、到底理解ができない内容だった。

3冊購入券、5冊購入券などと種類が選べ、それぞれ握手やチェキなど、特典が異なる。それがうまい具合に、全部購入したくなるように設定されていて、思わず唸（うな）る。1冊でも多く売ろうという姿勢が、いっそ潔い。

それに倣って実際開催してみると、コアなファンが束状のチケットを片手に、握手しては最後尾に並び、チェキをとってはまた並び、と延々続けているのだった。徐々に人数が減り、最終的には数名がダッシュして、ぜぇぜぇ言いながら回る。なぜかそれを傍らで応援する私。

滑稽かもしれないが、青春みたいにキラキラしていた。「足許見て……」「本屋のくせに……」と苦言を呈するのは、必ず、外野である。きっと楽しい浪費をしたことがないんだな。おじさんが額に汗しながら、好きな女の子の気を引こうと精一杯がんばっている。本をたくさん買ってあげたいと思っている。

　こんな機会がなければ、目が合うことも、手を握ることもない。定時で上がって、仕事の後の時間を自分のために使うことなど、ほとんどないのかもしれない。

　私は確実に、おじさんたち側の人間だった。人はいくつになっても、使いたいことにお金を使いたい。どうしよう、すごく当たり前のことを言っている。

　それを提供することは、そんなに悪いことなのか？

　うちは伝統ある書店で、文化を売ってるんです。だから、ひとり1冊しか売りません。

　ってその論法、一体誰がしあわせになるの？

それが
私の口を
もごもごさせる
理由なのだろう。

イ　ンタビューに限らず、商談で、飲み会で、腐る
　　　　程されてきた質問がある。それなのに、今に至
ってもまだ、うまく答えることができない。

　ひと月に何冊くらい読むんですか？

　1冊なのか100冊なのか、わからない。ひと月につぶ
グミを何粒口に入れるのかわからないくらいわからな
い。

　だが、クリープハイプのアルバム『世界観』に収録さ
れた「バンド」という名曲で、そういう質問に《今更正
直に答える》姿がかっこ良く、私も今からそれに倣う。

　読みたい本を読みたいときに読みたいだけ自分のため
だけに読み、読みたくなければ読まないという享楽的な
読み方をしていると、それをカウントしようという発想
が湧かない。

　とタイプする私の指は今、缶詰ホワイトアスパラのよ
うにふやけている。ついさきほどまで、1キロ買い込ん

だ泥だらけのらっきょうを1粒ずつ洗い、根を切って、薄皮を剥いていたからだ。

　黙々と続けていたら、小一時間で下<ruby>拵<rt>したごしら</rt></ruby>えは終わっていた。

　もし「すごいですね。何粒くらいあったんですか？」と聞かれれば、私はまた、うまく答えられないだろう。

　その間に「バンド」を何回リピートして聴いたのかわからないくらい、わからない。

　しかし、ジェーン・スーさんの影響で始めたスクワットは、1日20回だ。15回目以降が本当にキツい。18……19……20！

　だから、聞かれなくても答える。「スクワットは20回もやってます！」（も？）

　つまり、何かの行為をカウントし、数字で強く記憶するのは、少なくとも私にとっては、楽しくない、または

相当な努力を伴う場合だけなのだ。

　その証拠に、週1で通うかっぱ寿司の食べ放題で何皿食べているのかも、記憶にない。私はフードファイターではなく、くいしんぼうだから、満腹になれば箸を置く。

　カウンターで並んだ客から、すごいですね、と言われたときに感じる違和感が、あの質問にはある気がする。

　答えが何冊でも、正しく理解されない予感しかない。
　それが私の口をもごもごさせる理由なのだろう。

ちょっとした異能集団か。

先日W社の夜行バスで大阪から戻った。ネットで予約をすると、送られてくるメールがチケット代わりになる。しかも発車30分前にはそろそろですよメールが届き、翌日には丁寧なサンクスメールも届く。

W社のバスは快適だった。座席はゆったり、スマホの充電ができて、プライベートモニターで退屈知らず、次回も絶対利用したい。行きはケチってK社を利用したのだが、安かろう悪かろうであり、特にW社の素晴らしさが際立った。だが私は、W社のサンクスメールにあったちょっとしたアンケートをスルーした。

私が感じたままをしたためて返信すれば、W社の人は喜んだだろう。運転手は褒められ、お客様からはこんなお声をいただいております、と広告か何かに使えたかもしれない。だが、そこまで想像できてなお、わざわざアウトプットするということ、良さを共有しようとすることを面倒臭いと感じてしまう。きっとそれは、文句を書くより面倒臭い。

しかし書店員であるアルパカ課長は書く。W社のバスほど感動した本なら、必ずといっていいほどチラシの裏2枚分くらいは書く。読書メーターに書く人も、自店の

Twitterに書く人もいる。

　誰にも頼まれていなくても、割引券がもらえなくても、読んで面白かった本についてしたためずにはいられないのだ、書店員という生き物は。

　そして、その能力を存分に発揮するのが、本屋大賞である。

　年末の忙しいときに、「今年読んで面白かった本を3冊あげよ」と言われても、人はそうそう読んだ本を思い出せない。はっきりいって、1年前に読んだミステリーなんて、もう1回読んでもどんでん返しできれいに驚けるくらい忘れている。しかも投票となると、もっともらしい感想を添える必要があり、読んだような気がする、程度では無効票だ。

　日常的にアウトプットしているからこそ、10作品に対しての200文字が書けるのである。

　本屋大賞発表と同時に、本の雑誌社から「本屋大賞」という別冊が発売されるから、機会があったら開いてみてほしい。投票時に寄せられたコメントを寄せ集めただけだが、何この人たち……怖い……と思うほど、文章に力がある。もう読んだのに、うっかり読みたくなるほどだ。

　書店員って、ちょっとした異能集団か。

つらくってつらくって
仕方がないわ！

あ　なたと出会った頃、私はまだ研修バッジを付けたアルバイトで、レジの中からいつもあなたを見ていた。背筋がピッと伸びて、誰に対しても礼儀正しくて、すごく仕事がデキる営業マンなんだろうなってわかった。

　私が社員になったとき、お祝いに神楽坂のビアバーに連れていってくれたっけ。大好きな作家さんの行きつけだって聞いて、興奮してビールを飲みすぎちゃって、実は記憶がほとんどないんだけど、あの日からグッと距離が縮まったよね。あなたの会社の本が売れると、あなたの喜ぶ顔が浮かんだよ。私にとってその出版社＝あなただったの。あなたにとっても、有楽町店＝私だったんじゃないかな。

　ねぇ、それなのにどうして？　この前パーティーであなたを見かけたら、別の書店の子にワインを注ぎながら、ローストビーフはお好きですか？　なんて聞いて、私には気付きもしない。あなたの担当エリアが変わって有楽町店には別の人が付いたけど、はいそうですか、なんて割り切れない。だって喧嘩したわけでもない。数々

の困難を共に乗り越えた記憶は、少しも薄れない。なの
にどうして「後任の者をご紹介しますね」なんて平然
と、笑顔で言えるの？　それって「お前が俺のこと好き
なの知ってるけど今日から俺の弟と付き合えよ」みたい
な感じじゃない？　NOって言えないってわかっててそ
れ、ひどいよ……。

　あぁ、私ってめんどくさい。みんな平然と割り切って
仕事をしているのに。
　B社のSさんもK社のHさんも、みんな心の底から愛
しているのに、私をおいてどこかへ行ってしまう。出版
社の異動の時期は、つらくってつらくって仕方がない
わ。

予日知識なしで
読んでいただきたい。

2016 年ノベル大賞受賞の作品『Ｂの戦場』が発売された。その件で、担当編集のＫ田女史が弊社営業本部にいらっしゃったので、同書の販促パネルにコメントが採用されたアルパカ課長とともにご挨拶。

　２人はしきりに「Ｂ」という符丁を使って、可笑しそうに話をしている。

　会話に入れない私は「Ｂ」について想像した。血液型？　Ｂ戦場のアリア？

「とはいえＢですからね〜。ところで新井さん、表紙のイラストいかがですか？」

　女性の顔はBOUQUETで見えないが、どうやらウエディングプランナーのお仕事小説のようで、それを表現しているのだろう。

「すごくスタイルがいいですね。きっとBI人なんでしょう」

「BUHAHAHA!!」

　2人はなぜか私のコメントに笑い転げ、Bが、Bで、と盛り上がっている。

　帯の「三浦しをん憤然！」が目に入った。三浦さん……あたしゃ今この状況に憤然ですよ。

　退勤後、神BO町本店で『Bの戦場』をBUY。近所のBARに駆け込み、BOOKを開いた数分後にはBEERをBOO……。なんじゃこりゃーーー！

　タイトルを隠して販売した「文庫X」に対して、主人公の顔を隠して販売する『Bの戦場』。
「文庫B」として売り伸ばす方法も考えたが、二番煎じであることを差し引いても、B級感が漂い過ぎるネーミングだ。
　内容はスペシャルA級に面白いから、できれば予B知識なしで読んでいただきたい。

どうか私に、お宅の麦茶を与えないでください。

小　学生の頃から、他人の家で出された麦茶に対して、言葉にできないモヤモヤを感じていた。私と一緒に招かれた友人たちは、屈託なくお代わりをする。その横で私は、喉がからっからなのに、汗をかくグラスに手をつけられずにいた。

　ずっと誰にも言えなかった。言いたいことが言えないようなタマではない。ただ、言葉にできなかった。

　居酒屋の直箸も、お酒の回し飲みも、私に片思いをしていた男の子がロッカーに突っ込んでいった豚の生姜<ruby>生姜<rt>しょうが</rt></ruby>焼き弁当にも、全く動じない。自分がきれいだと思っていないから、臭くも不味<ruby>不味<rt>まず</rt></ruby>くもないなら、どうということはないのだ。生姜焼きはタモリのレシピだそうで、大変美味しかった。

　しかしなぜだろう、人ん家の麦茶だけはだめなのだった。

　食エッセイと括るにはあまりにもスタイリッシュで、どの棚に置くのが正解か誰にもわからず、店中をたらい回しにされていた平野紗季子<ruby>平野紗季子<rt>ひらのさきこ</rt></ruby>さんの『生まれた時からアルデンテ』。

彼女の言葉は天才的に正直で、てらいのない子供のように的確だった。もちろん、麦茶についても。

　子供だった私は、こう言いたかったのだ。
「不気味」と。
　他人の家の麦茶は不気味だ、と。

　吉田 修 一さんの小説『怒り』の冒頭で、炎天下、家の前に佇む見知らぬ男に麦茶を差し出したご婦人は、それがきっかけとなって惨殺された。
　怨恨でも強盗でもないから、誰でもよかったのかもしれないが、私にはそうは思えなかった。
　どうか私に、お宅の麦茶を与えないでください。

トリックや
どんでん返し
だけではない。

薬 丸岳さんの『Aではない君と』が、吉川英治文学新人賞を受賞した。

　薬丸さんといえば、ドラマ化された「夏目刑事」シリーズが代表作だが、もう一つの薬丸印といえば、少年犯罪ものなのだ。

　デビュー作『天使のナイフ』や『友罪』は、まぎれもないエンタメでありながら、読む前の自分には決して戻れなくなる重さがある。特に『友罪』は、友達だと思っていた男に、少年犯罪で逮捕された過去があったと知り、主人公が最後まで葛藤する。男は少年院で更生したと認められ、社会復帰をしたのだ。未だに男が、毎晩うなされていることも知っている。人を殺したことがあったとしても、それは自分と出会うずっと前の話だ。前科がないだけの悪人など、そこいらに転がっている。そんな中、彼は圧倒的に善人だった。

　しかし、過去を知ってしまう前にはもう戻れない。苦しんで苦しみぬいたうえで、「友達なんかじゃない」と言い放った主人公を、一体誰が責められるだろうか。

　読者は、犯罪のニュースを見ても想像することのなかった、加害者のその後と、その後に関わる人の深い悲し

みややりきれなさに直面する。犯罪とは、それほどのものなのだ。あまりにも生んでしまう悲しみが大きすぎる。

　先日、薬丸さんをゲストにお迎えして『Aではない君と』刊行記念トークイベントを開催した。椅子を円に並べ、読者に混ざって作者も座る会場は、トークというより座談会のノリだ。『友罪』と同じテーマではあるが、視点は罪を犯した少年の親であるこの作品に、何を思ったのかを知りたかった。

　単行本を購入して、読んで読んで読み込んだ上で平日の夜に集まった読者たちは、ひざを突き合わせて話し合う。

　なんて物好きなんだ……と思われるかもしれないが、我々は当事者だった。知らなかったら感じなかった痛みを共有して、考える。考える。

　薬丸さんの小説に読者が考えさせられるのは、それ以上に、薬丸さんが考えたからだ。

　ミステリ小説家が考えるのは、トリックやどんでん返しだけではない。

ナンバーワンMDにも、
しあわせMDにも、
なれる気がしない。

レジ接客の笑顔しか褒められたことがない私が、全く褒められる予感がしない部署への異動を言い渡された。主にデスクワークの、営業本部営業企画室。肩書きは、MD販促担当。

　まずググったよね、エムディーて。

　売り場にいた頃、朝礼でアルバイトのみんなに「笑顔」について話す機会があった。

「目の前の人はあなたの世界一大好きな人です」と発言したところ、キョトーンとされたので、ここで誤解がないように詳しく説明しておきたい。

　レジに近付いてくるあの方は、私の大好きな人！　私に会いに来てくださったのね！　こちらへどうぞ！　そっちじゃなくて、私のレジへどうぞ！

　このように気持ちを高めながら接客をすると、花がほころぶような笑顔が浮かぶのである。あの、駅で待ち合わせをしているカップルが、お互いの姿を認めた瞬間みたいな。

　お客様と、一対一でいる短い時間だけでいい。「私は

今、世界で一番好きな人といる！」と思い込む。これは、六本木のクラブで働く年上の友人に教わった、ナンバーワンになるための接客法だ。

　思ったことがすぐ顔に出てしまう私にとって、逆転の発想だった。

　作り笑いができないのなら、自分の気持ちを変えてしまえばいい。

　おかげで、手際が悪くても、ものを知らなくても、お客様を怒らせてしまうことはほとんどなくなった。

　大好きですオーラを醸し出す子犬のような相手を、たいていの人は邪険にできないのである。ずるいかもしれないが、お客様だって、犬に唸られるよりはよかろう。

　そして言わずもがなだが、私はレジで、誰よりもしあわせなのであった。

　だが、どうやらパソコンには情というものが通用しない。

　私、ナンバーワンMDにも、しあわせMDにも、なれる気がしない。

パメラには、
想像もできなかった
ことだろう。

「本屋大賞」に翻訳部門があることはご存知だろうか。

翻訳小説の棚は、私の勤める大型書店でも、国内小説の３分の１以下だ。そこにイギリスやアフリカや中国の小説を詰め込んでいるのだから、ほとんど置いてないといっても過言ではない。

棚が少ないのは需要が少ないからで、投票数も正直多くはない。それでも私は、続ける意味があると思っている。１年に１冊でもいい。違う言語、違う文化で生きる人が書いた小説を読んで、自分の心が動かされる体験は、世界をちょっとだけ平和に近づける。

先日、初めて翻訳小説でイベントを開催した。パメラ・ムーア著『チョコレートで朝食を』の刊行記念トークショーだ。

人気モデルのizuが、その小説に心を打たれたとSNSで発信したところ話題になり、単行本のあとがきは彼女が書くことになった。著者のパメラとizuと、３人で本の話がしてみたいなぁ。そう思いついた時点では、パメラがとっくに亡くなっていることを知らなかった。アメリカからの交通費や通訳の心配をしている場合ではな

い。

　しかし『チョコレートで朝食を』を、翻訳出版できたことがとても嬉しい、と話す出版社の人と、どうしてもイベントをやりたくなった。私も今、この小説が読めて、本当に嬉しかったから。

　著者がその場にいなくても、読者に喜んでもらえる会ができるだろうか。

　バレンタインが近いから、お客様にチョコレートを配ろう。チョコレートフレーバーの紅茶を飲みながら、話を聞いてもらおう。翻訳者の糸井恵さんにも登壇していただいて、スクリーンにはニューヨークの写真を映して……うん、これなら大丈夫だ。

　そしてイベントは、満員の大盛り上がりだった。

　半世紀後の日本で、彼女の物語に思いをはせる会が開かれるなんて、26歳の若さで猟銃自殺したパメラには、想像もできなかったことだろう。

プライスあるー・

先日、「大藪春彦賞」受賞記念パーティーが、某ホテルの宴会場で開かれ、なかなかレジを抜けられなかった私は、1時間の大遅刻で会場に駆け込んだ。グラスを受け取ってさぁご馳走を……と思ったところで、某書店チェーンの先輩書店員Hと、バッチリ目が合ってしまう。彼と私はなぜか昔から相性が悪く、こういった場で会えば皮肉を言い合い、酔えば取っ組み合いの喧嘩になるのだ。

　しかしその日のHは、余裕の微笑みで私に手招きした。どうやら私の連載を読んで、店長になりたがっていることを知ったらしい。同年代の彼は、すでに数年間の店長経験があった。

　やれ考えが甘い、経験が足りない、君の苦手な事務仕事ばっかりで、店長には棚を触る時間なんてないんだ、云々かんぬん──。
　言い方がいちいちムカつくのだが、言っていることはどれもその通りで、
「確かに、本当になりたいなら、自らできない仕事に突っ込んでいかなくてはダメですね」と殊勝に返せば、

「そう、君ができる仕事なんて、ごくごく一部なのさ」

　とますます興に乗る。

　大好きなビールに目もくれず、私に説教を垂れる熱血Hと、痛いところを突かれすぎて、素直さを取り戻す私。もしかして、彼は本当に私のことを思って、言ってくれているのかもしれない。都心の大規模店と地方の小さな店舗を渡り歩き、今は本部で出世街道をひた走るHから、学ぶべきことはたくさんあるだろう。

　パーティー終了のアナウンスが流れ、ご馳走は下げられていく。

　気付けば1時間以上、立ちっぱなしで話し込んでいた。

　生意気で憎たらしい後輩に、力いっぱい説教するHは、ちょっとかっこよかった。後輩を育てること、それは私が最も苦手とすることで、ましてや他チェーンである。なんて高い志か。

　本当はローストビーフを食べに来たのだが、今日はジュース一杯だけでも十分だとさえ思った。私はここで、プライスレスなものを受け取ったのだから。

　しかし帰り際、元ビジネス書担当の彼は手を出して言

った。
「はい、セミナー料5000円」
　プライスある！

フリーアプリを
入れたスマホを
尻ポケットに
入れながら。

警察の拳銃は 5 発装填と言われるが、私のiPhone も連写は 5 発までだ。

常にシャッター音を消すアプリで写真を撮っているが、無料版を使っているから、5 回に 1 回広告が表示される。それは左上の小さな×マークをタップしないと消えないため、必ず撮影が中断してしまうのだ。

今確認したところ、アプリで7314枚撮影していた。つまり通算1462回、見たくもない広告を見せられて、ともすれば大事なシャッターチャンスを逃してきたのである。馬鹿なのか。

殺し屋にサイレンサーが必要なように、静かな店内で公式SNS用の写真を撮る私には、その消音機能が切実に必要だった。だから、もしフリーのアプリがなければ、240円くらいすんなりと支払ったはずだ。さっきコンビニでヒョイッと買ったハーゲンダッツより安い。

それでも未だに課金していないのは、無料で一応使えているものに途中からお金を払わせるということが、とても難しいからだ。

今さりげなく一般論に持っていったのは、私だけが特

段ケチだと思われることを心配したからである。そんなことはない。このアプリは利用者が多く、撮影中にまごまごしている人を、私は何度も目撃したことがある。

　おそるべしフリーの壁。あと何回、興味のない広告を見たら、我々はその壁を越える勇気が出るのか。

　スマホのアプリ同様、フリーで読めるウェブ連載と、それを書籍化した有料の本があった場合、フリーに留まる読者は圧倒的に多い。そこに書き下ろしが加わっても、本という形になってたいそう読みやすくなっても、100万「いいね！」イコール100万部突破とはいかず、ここにも高いフリーの壁がたちはだかっている。

　書店員である私は、この壁を必死に攀じ登って、本を売っていかなければならない。

　フリーアプリを入れたスマホを尻ポケットに入れながら。

ペットボトル版
「伊坂幸太郎」を
売るなんて、
つまんないだろ。

行 きつけの喫茶店「上島珈琲店」の「黒糖ミルク珈琲」が「黒糖入りミルク珈琲」としてペットボトルで発売されたが、似て非なるものだった。1日2本も買って飲んでいるから、つまりとても美味しいのだが、どこかでガッカリが抜けない。私にとっては、あの銅製マグで提供される「黒糖ミルク珈琲」がオリジナルだからだ。

先日売り場で「伊坂幸太郎みたいな面白い小説」と聞かれて、頭を抱えた。

面白い本は売るほどあるが、あえて伊坂幸太郎と言われると、途端にわからなくなる。

伊坂幸太郎の何をもって伊坂幸太郎っぽいと思うのかは人それぞれで、私が思う伊坂幸太郎みたいなやつを勧めても、それは似て非なるものだろう。オリジナルがあると、せっかく美味しくてもなんだかガッカリしてしまうあのペットボトルになってしまう。

伊坂幸太郎は島田荘司を愛読しているが、島田荘司を勧めたところでそれはミルク成分でしかなく、逆に伊坂幸太郎に憧れて作家になった人の作品は黒糖風味でしかなく、単純に「面白い」はコーヒーでしかない。どのコーヒーにもコーヒーは入っている。

どの小説にも「面白い」は入っている。

　じゃあどれでも良くねぇか？　と開き直り、「伊坂幸太郎と全然関係ないけど私が読んで超面白かったのはコレ」と言って、一冊の本をゴリ推しした。

　伊坂幸太郎全然関係ねぇのかよ……と、あまり期待していない顔だったが、その「まあ聞いてしまった手前買わないわけにもいかないか」くらいのテンションのほうがいい。

　せっかく私に聞いてくれたんだ。ペットボトル版「伊坂幸太郎」を売るなんて、つまんないだろ。

まだ真っ白い手の平に
目を落とす。

絶 対忘れちゃだめなこと、絶対忘れたくないこと、大切なことを私は手の平にぐりぐりっと書く。

　あの本が売り切れそう、タイトルを。あの本の横にあれを持ってこよう、閉店後に。
　本当は良くないとわかっているが、つい無意識にやってしまう。

　新海 誠さんの『小説 君の名は。』を読んだ。映画『君の名は。』を観た。その中のワンシーンのように、私もずっと昔に「誰かの名」を忘れないようにと、手の平に書いたことがあるんじゃないだろうか。

　池袋の映画館は、1時間並んで次の次の回の券が買えるかどうか、という異常事態で、仕事後に駆け込んだ日付を越える新宿のレイトショーは、最前列が2席空いているだけだった。

　痛む首をさすりつつ、ちくしょう映画館はいいな、と思った。明かりが点いた瞬間の奇跡的な静寂も、衝撃か

ら立ち直り切れていない観客が、出口へと向かう緩慢な
歩みも、すぐそこに確かに、ある。物語が届いたことを
目の当たりにできる。

　映画と違って、読み終えた本を抱きしめて、ベッドの
上をゴロゴロと転がる姿は、まず見ることはできない
（絶対やっているはずだ！）。腰が抜けて立てないまま、
シートに沈んでそんなことを思った。

　翌朝、すっかり目を腫らした書店員は、何かを思い出
そうとして、まだ真っ白い手の平に目を落とす。

わからないということは、
つまり、
面白いかもしれない。

全裸でベッドに寝っ転がって口を開けてスマホをいじっていても、自分が何屋であるかは決して忘れていない。

　#字面は追えたがなにを言ってるのかさっぱりわからなかった本

　タイムラインに流れてきたハッシュタグに、本屋センサーが反応した。

　正座で猛然とTwitterを遡（さかのぼ）る。

　一体どの本が、まるで異世界からの交信のような言われ方をしているのか。本屋として、見過ごすことはできない。

　すると……出るわ出るわの名作文学たち。超有名な国内外の古典から、映画化され大ヒットした現代小説まで。

　必ずしも「売れている本＝誰にとっても面白い本」ではない。

　なぜなら本は、基本的に買った後に読むものだからだ。

　読んでみないと、今の自分にとって面白いかどうかがわからない。なにを言ってるのかさっぱりわからないってこともそりゃあるだろうが、それも、読んでみたから

わかることなのである。

　とはいえ「おたくで買った本、字面は追えたんだけど、なにを言ってるのかさっぱりわかりませんでしたよ」といったご意見を店頭で聞いたことは、この10年で一度もない。

　世間で売れている本なのに、読んでもさっぱり意味がわからないのは、なんだか恥ずかしいことのような、自分のほうがおかしいような気がしてしまうのかもしれない。

「字面は追えた」ということは、楽しもうと努力はした、ということである。その人は本にお金を使ったり、貴重な人生の時間を読書に割いたりした。

　それなのに「さっぱりわからなかった」としたら、本に対してネガティブな気持ちや怒りを抱いてしまっているのではないか。それがとても心配だった。

　しかしそのハッシュタグは、本そのものを貶めようとしているわけでも、それを書いた人や売った人を糾弾しようとしているわけでもなかった。

　あくまでも、わからなかった自分のカミングアウトであり、皆、ただわからなかったという事実を言いたいだけなのだ。そしてわざわざそういうことをしている時点

で、本のことがやっぱりどこかで、すごく気になっているのだ。

　実際、わからなかったからこそ読書にはまってしまった、という人も少なくない。

　子供の頃に読んで、よくわからないが、ワクワクする本も確かにあった。

『不思議の国のアリス』なんて、そのわけのわからなさが、30年以上も私を惹きつけている魅力だったとしか思えない。

　わからないということは、つまり、面白いのかもしれない。

以上、
人手不足の
火星からでした。

新 入社員のみなさん、私は三省堂書店火星1号店の新井です。遠方のため、今日はホログラムで失礼します。

　現在、火星は巨大なドームに覆われ、その中では地球と同じように過ごすことができます。ドームの外は真っ赤な砂漠ですが、外に出ない限り、危険はありません。

　地球政府が、人口増加対策として火星移住者を募った結果、希望者にはある共通点がありました。ほぼ全員が、新井素子さんの『星へ行く船』愛読者だったのです。

　1980年代に集英社のコバルト文庫で発刊され、2016年から出版芸術社より完全版としてシリーズ全5巻が単行本化された本作は、親から子へと代々読み継がれ、火星への強い憧れが、彼らのDNAに刻み込まれていきました。

　そのため火星には読書家が多く、国内文学（つまりSF）のラインナップは宇宙一です。火星は『星へ行く

船』そのままに開拓され、SF好きにはたまらない環境です。ただ、出国には政府の支援がありますが、帰国には莫大な費用がかかるため、まず地球には戻れません。

　競合店がひしめく地球のターミナル駅書店で働くやりがいもありますが、その星唯一の書店として、星のみなさまに「三省堂書店があってよかった」と心から言ってもらえることは、書店員として最高の喜びです。
　さぁみなさん、星へ行く船に乗りましょう。以上、人手不足の火星からでした。

引き出物に
ブランデーケーキ一本でも
付けてほしい。

八　百屋では、長ねぎの青い部分が茶色くなりかけると、もったいないようだが、切り落として売る。白い部分に問題がなかったとしても、枯れて食べない部分を付けた長ねぎを買うことに、人は抵抗を感じるのだ。

　それは書店に並ぶ本にも、同じことが言える。

　美しくない文庫の帯を付けっぱなしにした本は、売れない。

　そうなったら面倒でも脱がせてしまうに限る。それだけで、購買意欲をそそる本になるのだ。

　それなら、初めから帯など付けなければ良いのではないか。ねぎは青い部分も美味しいが、帯は別に読んでもおもしろくない。「今月の新刊」などと謳われた帯は、たった1ヵ月の命である。そんな帯がいつまでも付いていれば、汚れていなくても、そそられない。

　単行本と違って、お求めやすさが売りの文庫だ。お菓子でいうところの、ご自宅用簡易包装で十分だ。帯のコストをなくすことで僅かでも定価を下げたほうが、ニーズに合っている。

　重版や映像化のたびにコロコロ変わる帯なんて、結婚式のお色直しみたいなものだ。

新郎や花嫁の両親は別として、平熱の参列者はウエディ
ングドレスだけでもうお腹一杯であり、自己満足でしかないドレスにかかったそのお金で、引き出物にブランデーケーキ1本でも付けてほしいと思っているような気がする。

本が売れないと
嘆く前に。

お　店のバックヤードを歩いていたら、どんがらがっしゃーんと音がした。振り向くと、台車に積んだコンテナを全てひっくり返し、泣きそうになっている女の子がいた。西武の社員食堂にあるコンビニの店員だ。

　カツ丼やそぼろご飯やティラミスが地面に転がり、どう見ても、売り物にはなりそうもない。駆けつけたのは私と警備のおじさんで、もう慌てたってどうにもならないのだが、競うように無言でコンテナに詰めなおした。顔を真っ白にした女の子には、大した言葉も掛けられなかった。

　店に戻って大目玉をくらったら舌を嚙んで死んでしまうのでは、というほど打ちひしがれているように見えた。そりゃそうだろう。これからお昼時だ。彼女のミスで商品は足りなくなり、お客さんはがっかりだし、売上げはがた落ちだ。しかし、昼過ぎにコンビニに行ったら、レジで笑っていた。もう弁当はないが、「おにぎりいかがですかー」と、レジの合間に元気な声を上げている。本当は「給料もいらないですから」と、走って逃げ

出したかったはずである。にもかかわらず、あれから数
時間後、レジで笑顔を振りまいていた。

　目の前に立った私を見たとたん、女の子は顔を硬直さ
せた。しかしそれは一瞬で、「今朝はどうもありがとう
ございましたっ！」と、もっと笑顔になって言った。私
はおにぎり1個で、とてもいい気分になった。明日は3
個買おうと思った。

　私たちは、入ってきたものを売るしかない。
　本は数に限りがあって、売りたいものこそ、入ってこ
ない。

　売れないのは誰のせいだ。

　売れる本が書けない作家か？　売れている本を切らす
出版社か？　書店は精一杯売れる売り場を作っているの
にって？
　いやいや案外、暗い顔した自分のせいかもしれない
ぞ？
　嘘でもいいから笑え。本が売れないと嘆く前に。

気になる本は、
売れるのです。

仕事中なのに、思わずのけぞるほどかわいい女の子に出会って、恋をしてしまった。黒目が黒糖羊羹のようにツヤツヤとして、生クリームが透けた求肥のような白い肌。全体がピンク色のこの女の子が、本を出すって？　へぇ、下田美咲ちゃんっていうのか。タイトルも内容も聞く前に、私はおっさんのように言った。
「ハハハ、どかーんと展開しましょう！」

　発売前に本人を連れてきたところに、竹書房のあざとさを感じつつも、その場でツーショット写真を撮ってくれたことに気を良くして、初回配本の指定数を盛った。もしかしたら、それは書店員として問題がある行為かもしれないが、賄賂を受け取ったわけではない。ただ、かわいい女の子にいいとこ見せたいだけなのだ。それの何が悪い。

　しかし私はプロの書店員。美咲ちゃんだけに目を奪われていたわけではない。営業さんから受け取った注文書を見て、確信していた。

　そのキュートなルックスなら叶わぬ願いなどないだろ

うに、彼女が書いた本のタイトルは『生きているだけで
死にたくなるような世の中で生きていてもいいような気
がしてくる119の名案』。

　何があったんだ、美咲ちゃん……！　さぁ、気になる
でしょう？　気になる本は、売れるのです。

共演者に
お詫びのドーナツを配った。

「探 してる本があるんですけど」

　その声は聞きたくなかった。よりにもよ
って、レジが大行列している時に。

　隣のレジの子が『すてきな奥さん』の問合せを受けて
いる。運が悪いことに、その子はまだ新人だから、知ら
ないのだ。

〈『すてきな奥さん』は休刊だ！　そしてその客は私の
母親だ！〉

　横から口を挟みそうになるのをグッと堪え、目の前の
お客様に集中する。

　パソコンでなんとか調べて、申し訳なさそうに休刊を
伝える新人ちゃんに、母かよ子は説明もなく、どデカい
ドーナツの箱を押し付ける。

　揚げたてなのか、辺りに甘い油の香りが漂う。

〈そういうの、今ここでもらっても非常に困るんだ
が！〉

　そして去り際、「みーちゃんがんばってねー！」と大
声で言って、私に手を振り振り帰っていった。

早見和真さんの『イノセント・デイズ』では、主人公が苦手な母親を見た途端、胸をおさえて倒れるのだが、私の場合、忘れる、間違える、噛むの３大発作を起こしてしまう。その日の接客は、かよ子以降、レロレロであった。

しっかりしなければ。私はプロだ。書店員たるもの、レジに入ったら本番の舞台。肉親に大声で恥ずかしいニックネームを呼ばれても、堂々と演じきらなければいけないのだ。

グッタリモードで楽屋にさがった女優は「どうも母がお騒がせしました」と、共演者にお詫びのドーナツを配った。

筋斗雲カゴは、
マッハ1.5で
それぞれの
持ち場に
戻るだろう。

店内に設置されたカゴを、お買い物中のお客様が商品の上にポンと置くのは「アリ」か「ナシ」か。さぁみなさん、お手元のボタンを押してください。どうぞ！

……という調査をしたら、一体どんな結果になるのだろうか。

本を風呂に持ち込んでシワシワにしようが、読んだページから食べてしまおうが、買った本はその人の好きなようにすりゃいいと、心から思う。

私が売り場でそれを気にするのは、誰かがお金を出して買う予定のものだからである。

だが、お客様にお声掛けをすると、キョトンとされることが少なくない。売り物をカゴの下敷きにすることに、全く抵抗を感じていないようなのである。もしかしたら、床に置くことで通行の妨げになると、気を使った結果なのかもしれない。もちろん、スーパーで苺の上にカゴを置いたりはしないのだろうが。

何も気難しいラーメン屋のように、麺をすする前に必ずスープを一口味わえとか、私語厳禁とか、こちらの要望を押し付けたいのではない。みんな気楽に、自由に買い物をしてほしいと思っている。困ったなあ……。

床にも本の上にも置かず、片手を塞ぐことなく商品を
レジまで運ぶには、もう宙に浮かせるしかない。たとえ
ば筋斗雲のようなものが必要だ。それがあれば、我々も
重ねた大量のカゴを抱えて運ぶ必要がなくなる。ただ号
令をかけるだけで、筋斗雲カゴはマッハ1.5でそれぞれ
の持ち場に戻るだろう。

美味しくて、
現状維持です。

テレビ番組「金スマ」の放送翌日に、全国書店の在庫が一斉に溶けた。

　料理歴が浅い私だが、その『やせるおかず　作りおき』シリーズは愛読しており、実際いくつかの〈やせおか〉レシピがまだ少ないレパートリーに入っている。

　ヘビロテは「手羽肉のピリ辛」だ。鶏の手羽元に調味料をもみこみ、タッパーに入れて凍らせておけば、食べたいときにチンしてできあがり。これで失敗するのなら、レンジを疑うべきだ。

　売り場で若い女性が、再入荷したばかりの〈やせおか〉を手に取り、うーんと悩んでいた。これは、あとひと押しが必要と判断し「本当に簡単で美味しいのが作れましたよ！」と声を掛ける。すると案の定、彼女は顔を輝かせ、話に乗ってきた。接客を10年もやっていれば、お客様の気持ちは、手に取るようにわかる。

　何も私は、誰彼構わず話しかけているわけではないのだ。私自身、無差別に話しかけてくる店員には死ねと思う。だからこそ、わかるのかもしれない。

「最初はそのピンクのがいいですよ」

「緑のと迷ってたんです。それで、痩せました？」

　え、痩せた？　あぁそういう需要か。美味しいおかず
ができただけで満足していたが、全然痩せていない。本
気で痩せさせたいのなら、なぜ美味いレシピなど作って
しまうのか。

　しかし〈やせおか〉を痩せないおかず、とディスるつ
もりは毛頭ない。手羽肉が安売りをしていると30本く
らい買っておよそ3日分を大きな鍋で作るのだが、美味
しすぎて必ず全部一気に食べてしまうのだ。それで太っ
ていないのだから、「太りはしないおかず」と言っても
いいのではないか。

「現状維持です」

　……何かが伝わったのか、その女性は本をレジへ持っ
ていった。

作家のままならなさを、
私はとても愛している。

♪　なーにかにたーだー追われてー苦しーんで
　なーくした夢ー　つかめたーはずーの　私の目
はーあかく濁ーって　見ーえたはずのー明日はー消える

　朝井リョウさんの新刊『ままならないから私とあな
た』を読んで思い出した、かつて私がバンド活動をして
いた頃の大バラードのサビ。今思えば未来を示唆してい
るような歌詞だった。作詞作曲はパソコンで、ピアノも
打ち込んで、ボーカルの女の子と、ホルンを吹く私とい
う珍妙なスタイルのガールズユニットは、精力的に
LIVEを行い、トントン拍子でメジャーデビューをする
……はずだった。

　しかし、そんな珍妙なバンドには、レコード会社から
声がかかるどころか、LIVEの観客も思うように集まら
ない。こんなはずではない。何かが間違っているのか。
それは私か。それともボーカルか。焦りが生じた私は、
大切なメンバーにきつく当たるようになった。最終的に
は、くだらない意地を張って大切なLIVEをすっぽか
し、あっという間にバンドを解散に追い込んだ。
　それがすべてだった私は、そこからもう一度立ち上が

る力が、どうしても湧かなかった。

　人生で初めて「ままならない」と思った瞬間だ。

　小説では、「作曲家」になりたいけれどままならない
友達のために、ままならなくならないようにしてあげよ
うとする100％善意の行為で、逆に相手を打ちのめして
しまう。

　それは思いもよらない、無邪気な善意だった。

　才能と努力、夢を追う時に誰もが意識するままならなさ。

　それを書くことは、常に才能と努力を試される「作
家」である作者本人にとっても、瀕死確実の爆弾とな
る。自分で自分に投げつけた格好だ。

　作者はおそらく、自分のことを天才だとは思っていない。

　それなら、目の前に天才が現れたとき、夢を諦めるのか。

　何より大切な夢なのに？

　ままならなさに苦しみもがいた私には、もうどちらが
正解かはわからない。ただ、その作家のままならなさ
を、私はとても愛している。

腹の足しにも
ならない
飯マンガを
買い漁る。

18 年ぶりの新刊が出た。『孤独のグルメ 2』。グルメ漫画の名作ではあったが、18年である。

この刊行ペースで読者がきちんと付いてくるのは、小説界でいえば原 _寮_ くらいだろう。

主人公の井之頭五郎が、出先で昼飯を食うだけのマンガである。口コミサイトに頼らず、ふと目に付いた、どちらかというと地味で古い個人経営の店を好み、アウェイ覚悟で暖簾をくぐる。ひとしきり店内を見回し、壁に貼ったおすすめメニューや常連風の客が食べているものを注文する。

基本的にくいしんぼうのため、「やめときゃよかった」ごはんのおかわりを頼んでしまったり、うっかり芋だらけの献立にしてしまうのだが、後悔しつつもどこか楽しげである。それが五郎の、いいところ。

食レポでも薀蓄でもなく、飯をかき込む彼の心に浮かぶよしなしごとの楽しいことったらない。

五郎は温厚な男だが、客の目の前で店員を厳しく叱りつける店主に対し、キレたことがあった。言うときは言

うのである。

　外で飯を食べることの良い悪いは、ただ美味い不味い
ではない。店の者がそれを生業として作る料理に、客が
金を払って口に入れる。そこに無数のドラマがある。

　くいしんぼうの私が、腹の足しにもならない飯マンガ
を買い漁るのは、それこそが大好物だからだ。

『孤独のグルメ』は、食堂の片隅で味噌汁をすするおじ
さんを愛しくさせる。

私が両方を
売り続けることは、
間違ってない。

雑誌『Pen』を、呼吸するように買った。特集は「もうすぐ絶滅するという、紙の雑誌について。」。

　だが持ち帰って、ページを開くまでに数日かかった。なんだか怖かったのだ。もうすぐ自分が絶滅してしまうみたいで。

　私は紙の本、主に文芸書の担当だが、興味本位で立候補し、電子書籍も担当していた。レジで、電子書籍をダウンロードするコードを販売できるのだ。何が電子化していて、どれが今お勧めなのか、店頭でアピールをして販売促進をする。やっていることは紙の本と同じだ。お客様が欲しいものを揃えて提供することは、小売として当たり前のことである。しかし、電子版の『Pen』を10冊売れば、紙の『Pen』の売上げは約10冊減る。私は絶滅を食い止めるどころか、悪事の片棒を担いでいるのか？

　だが、恐る恐る開いた『Pen』では、紙雑誌ラバーが愛を叫んでいた。主にノスタルジーだが、彼らはまだまだ生きるのだろうし、そんなに好きなら買い続けるのだろう。それなら、売るまでだ。

私は紙の本のために生きているわけではない。なんとなく世の中の図式に当てはまってそんなような気になっていたが、電子が敵だと思ったことなど一度もない。

　我々が立場上できることには限界があり、元来お店とは、消費者のためにある。

　動物や植物と違って、人間が作り出すものは、欲しがる人がいなくなった途端、あっという間に絶滅する。それはそんなに珍しいことだろうか。

　店頭には、毎週のようにやって来て、電子書籍リーダーの使い方を私に尋ねるおじいさんがいる。「もうわし、『文藝春秋』が重くて持ち上げられない」と言って、メモを取りながらダウンロードの仕方を覚えて帰る。次に来たときにはおじいさん、完璧にリセットされているのだが、それでも懲りない。どうしても、読みたいのだ。

　私が両方を売り続けることは、間違ってない。

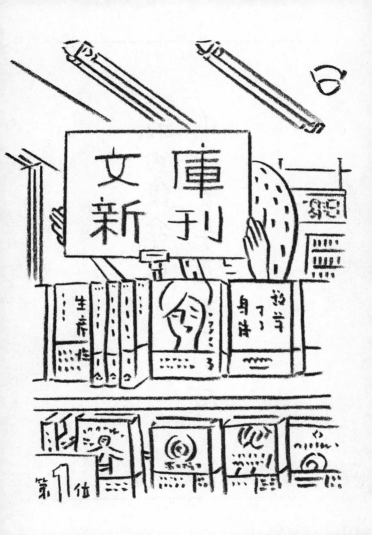

私の使命は、小説を手渡すことだ。

5 年前の3月11日、彼女はふらりと東北へひとり旅に出かけ、被災した。乗っていた電車がひしゃげ、なんとか徒歩で避難する際、たまたま内陸へ向かう道を進んだ。そのため、津波に飲み込まれずに命拾いをした。しかし彼女はその時、何も感じなかったという。運命の分かれ道に立っても、人はそれに気付かないものなのだ。

その、世界に裏切られたような衝撃は、彼女の中でじっくり時間をかけて、壮大な物語になった。タイトルは『やがて海へと届く』。作者は震災ルポ『暗い夜、星を数えて』で単行本デビューした彩瀬まるさんだ。

主人公は、東北へふらりと旅立ったきり3.11を境に連絡が途絶え、3年も帰らないままの親友を、待っている。娘をさっさと都合の良い仏様にしてしまう親友の母親や、一緒に暮らしていた彼女の荷物を処分しようとする恋人のことが許せない。

たったひとりで、ものすごく怖かっただろう。悔しかったし、悲しかったろう。それを想像すると、涙はいつ

までも止まらなかった。かわいそうで仕方がなかった。

　そんな主人公が、立ち上がって歩き出すことを、自分に許せるようになるまでの物語。そのしんどくて途方もなく長く感じられる時間を、読者は共有する。

　見守る、なんていう距離ではない。だって私たちも、あの日を確かに経験していて、たまたま飲み込まれなかっただけだということを知ってしまっているから。

　この小説を書くことは、「彩瀬まる」という人間の使命だったと私は思う。あのように被災しなければ、また別のものを生んでいただろう。

　もはやこの作品のテーマは、震災ではない。それを含む世界そのものと、人間のありかたではないだろうか。

　私の使命は、うずくまっている人の肩を叩いて、この小説を手渡すことだ。

私の昇進降格を
見れば、出世に
何が必要かは
明らかだ。

自分のエッセイ集を出版することができたのは、筆力よりコミュ力のおかげだ。浪費癖があるため、書店員の給料だけでは生活が立ち行かなくなっていた。本当に助かった。コミュ障だったら今頃、ネカフェで寝泊りしていただろう。

そんな私が、うっかり営業本部への異動命令を受けた。

出版社の人からは、おめでとう、出世だね、などと言われた。

バカモン、ちっともめでたくなどない。

私は、なんとしてでもデスクワークから売り場に戻りたかった。

過去の実績から、魔法のように販促計画が浮かぶとか、占い師のように売れる本が視えるとか、そういう仕事っぷりを期待したのかもしれないが、私は実際に本を触らないと何も浮かばないサイコメトラーのような書店員であり、見たことのない店のことなど、正直何もわからない。レジで接客をしないと鬱になる、わかりにくいメンヘラ体質でもあった。

そこでまた私を助けたのは、コミュ力だ。あえてコミュ力を発揮しない、能力を完全封印してしまうという高

度なテクニックである。

　おかげで、本部からはコミュニケーションに問題がある人材という判定を受け、最短で売り場復帰を果たすことができた。私の中では、決して降格ではない。今こそ、おめでとう、よくやった、と言ってほしい。

　私は今後、絶対に出世したくないので、この高いコミュ力を社外にだけ発揮するようにする。そうすれば、ずっと売り場に留まれるし、執筆のような楽しい仕事が外から入ってくる。

　逆説的に言うと、もし貴方が将来、部長とか役員とかになりたいのであれば、吉田尚記さんの『コミュ障で損しない方法38』を読んで、社内でのゲームに勝ち続けることが、最短の近道となるだろう。このコミュ力は、天性のものではないのである。

　私の（一般的な意味での）昇進降格を見れば、出世に何が必要かは明らかだ。

　そして、毎回ゲストを招くラジオ番組のパーソナリティとしては致命的とも思えるが、吉田さんはなんとコミュ障である。わかりにくさで言えば、私より遥かに凄い。

この本では、彼の経験を元に、コミュニケーションを「ゲーム」と捉える方法を紹介している。なにしろ、本人がここに書いてある通りのことを実践しているのだ。それをラジオで聴くことができるのだから、説得力は絶大だ。

　コミュ障でなくとも、たとえば微妙な顔見知りと乗り合わせたエレベータで、会話が続かず気まずい雰囲気になることは誰だって避けたいはずだ。そしてそれは、自分だけでなく、まず相手もそう感じている。

　そこに充満する「気まずい」は、自分と相手との共通の敵であり、コミュニケーションは、協力してそれを倒す、ちょっとしたゲームなのだ。

　会話する相手を打ち負かしてどちらか一方だけが勝つのではなく、その場に漂う「気まずい」を倒せれば、両方勝ちで、気持ちいい。なんて健康的なゲームなのか。課金は不要で、何度失敗したって、別に死ぬことはない。失敗すれば両方負けで、恨みっこなしだ。

　実は私は、数年前からこの吉田氏の考え方を取り入れており、今やゲームモードのON・OFF切り替えも自在だ。

　はなからゲームに参加しない、もしくは、ゲームであ

えて負ける。つまりコミュ障を装うことだってできてしまう。

　解雇されるリスクも伴うが、この本があれば、何度だって復活できそうな気がするのである。

「くいしんぼちゃん」と
呼ばれている。

神　保町のタイ料理屋の片隅で、パイナップルの器
に盛られたトロピカルチャーハンを食べてい
た。浮かれやがって。残りの実をどこへやった。こちと
ら全くそんな気分じゃなかった。

　みなさんサラバ！　今日は『サラバ！』の刊行を記念
して、西加奈子(にしかなこ)さんを書店員数十名が囲む会。

　大好きを超える小説に出会うと、版権ごと持って山奥
に逃げて穴を掘って埋めたくなる性分です。どうかその
穴に私を突き落として、土をお掛けください。

　私は誰かと『サラバ！』について仲良く語り合いたく
などなかった。

　作家生活10周年記念にふさわしい、西加奈子さん初
の上下巻大長編は、1977年にイランで生まれ、エジプト
と大阪で育った圷(あくつ)歩(あゆむ)が主人公。

　どこからだろう、気付けば歩は私だった。東京生まれ
東京育ちで、性格も性別も違うが、これは私の物語には
かならない。

　歩がこの世に生まれた瞬間から、ずっとずっとずーっ
と、物語が歩の視点で進むから、そう勘違いしたのだろ
うか。それにしても、私は歩のことがわかり過ぎるほど

わかり過ぎた。文字になっていないところまでわかった。

　人間は、取り繕わなければ、目も当てられないくらい汚い。どんなに好きな人でも、百年の恋も冷めるような瞬間があり、実は見たくない部分の方が多いことを知っている。

　歩は、最初から最後まで出ずっぱりで、世界に何も隠せない。わぁ！　こんなこと思ってるよ！　恥ずかしい！　今のお前、最悪だよ！
　でも、愛しい。歩が歩のことを嫌いでも、私は歩が愛しい、と伝えたかった。

　それって、誰かがこんな私を愛しいと思うことがあるかもしれないってこと？　こんな自己中野郎を？

　チャーハンは、みんなで取り分けるものだった。それに気付いたのは、会場をサラバ！する時である。
　今でも私は、書店員仲間に「くいしんぼちゃん」と呼ばれている。

私はまだ、
そのストーリーを
知らないだけだ。

電子書籍リーダーを持っているが、別にその黒い筺体を好きだと思ったことはない。四六時中撫で回し、ともすれば風呂まで一緒に入ろうとするスマホを、あっさりと機種変できるのと一緒だ。それでできることが好きなのであって、もしできないのなら用がない。結婚してくれないなら別れましょう、みたいな相手だ。

顔が良すぎて手放せなかったり、情が湧いたりで、未来はないのにずるずる続けてしまうのは、紙の本だ。未来がないとはつまり、今後アップデートされることはなく、ただただ劣化していくのみ、という意味である。別に悲観しているわけではない。

どんなイケメンもおっさんになる。そうなれば捨てたい。捨てないと次のイケメンを連れてくることもできない。結婚には制度があり、本棚には限度があるんだ。

日本製紙石巻工場のノンフィクション『紙つなげ！』を読んで以来、本を捲ればその向こうに、紙を作った人が見えるようになった。そして本の紙への愛着が深まり、二度と捨てられなくなってしまった……かと思えばそんなことは全然ない。

もう不要だと思った本を捨てたからといって、紙を作

った人は怒ったりはしない、と私は想像する。少なくとも私は、自分が書いた本を後生大事に死ぬまで持っていてくれないと恨む、なんてことは1ミリも思っていない。

　電子書籍リーダーだって、多くの人間が頭を使い、人生を削って作ったものだ。きっと、すごいことなのである。私はまだ、そのストーリーを知らないだけだ。

宗教画みたいな光景が
目に浮かぶ。

きっかけは、『ダ・ヴィンチ』の同性愛特集だった。

そこで紹介されていた栗本 薫さんの『終わりのないラブソング』を読み、少年院で出会った男の子同士のピュアすぎる激愛に衝撃を受け、目覚めてしまった。そこからあれよあれよとBL小説にはまっていく。

ごとうしのぶさんの「タクミくん」シリーズは、全寮制男子高校に通う、人間接触嫌悪症のタクミくんと、帰国子女のスーパーイケメン御曹司・ギイの、奇跡のように繊細で、切なく優しい恋物語。男だから、女だからではない。その人だから、愛しい。それはもう恋愛の理想型であり、そうでなければ恋愛とは呼べない、と中学生の私は思い込んだ。だから何度恋愛をしても、私が女だから好きになっただけだ、男だったら見向きもしなかったくせに、とめんどくさいことを考え、この男は女が好きなのだ！ と勝手に幻滅して逃げ出してきた。男になって相手を試すことなどできないのだから、この疑いは永久に晴れることはない。

そして最近、自分にそっくりな子を見つけ、泣いた。『少年アヤちゃん焦心日記』を出版し、めんどくさい心を持て余す女子の涙腺をぶっ壊した、平成生まれの「ニートおかま」少年アヤちゃんだ。アイドルの男の子を追っかけては、処理しきれない情熱を持て余し、破滅的で意味不明な痛々しすぎる行動を繰り返す。狂ったようにイベントへ足を運んだり、新大久保でパチもんのグッズを買い漁ったり……。

　アイドルに振り向いてもらいたいんじゃないのだ。そのアイドルになって、自分が理想とする人に愛されたいという、叶うはずのない狂おしい願望をパンパンに怒張させている。

　呪われた女子たちは、そんな少年アヤちゃんに共鳴する。彼の行為も、彼の苦悩も、彼そのものも、愛しくて切なくてたまらない。反吐が出るほど大嫌いな自分のことを、本当は愛したくて愛したくてたまらないのだ、というように。

　信仰する少年アヤちゃんを信仰する読者たち。

　彼の孤高なる文章を読むと、みんなで同じ方向を見上げている、宗教画みたいな光景が目に浮かぶんだ。

終わらない
遊園地のような
お店を作ろう。

　省堂書店有楽町店のアルバイトには、男子数名からなる「仕入れ」という特殊部隊がいる。もちろんレジでの接客もできるが、彼らにしかできない重要な仕事を任されているのだ。

　日々、段ボール箱に詰め込まれて入荷する大量の書籍は、ジャンルも向きもバラバラ。それをバックヤードで検品しつつ素早く仕分け、それぞれの売り場まで運んで来てくれる。逆に売り場から出た返品を集めて梱包し、伝票を切ってトラックに積み込む。明日発売の雑誌には、目にも留まらぬ速さで付録を挟み込み、紐をかける。ピシッと角を揃えて台車に載せておいてくれる裏方がいるからこそ、売り場はなんとか納品を終わらせることができるのである。

　なかでもリーダー格のSくんは、ほとんど売り場に出ない肉体労働にも拘らず、自分で丁寧にアイロンがけしたシャツを着て、一人称は常に「わたくし」だ。台車を押す際は通行人に注意を呼びかけることを決して怠らず、どんなに忙しくても、特大の台車を転がしていても、問合せには笑顔で答える。

そんなＳくんがいなくなるなんて。

就職が決まりましたって……当たり前だ！　私が社長
だったら、とっくにヘッドハンティングしている。

彼が出勤しなかった朝、有楽町店は寂しさに包まれ
た。きっとこれから何度も、彼がもういないことに愕然
とするのだろう。職場で良い人間関係を築けば築くほ
ど、喪失感は大きく、寂しさは何度もやってくる。

でも、中森明夫さんは『寂しさの力』の中で、寂しさ
は人間の持つもっとも強い力だと言っていた。

寂しいから人は楽しいもの、にぎやかなものを求める。
だからこの世にエンターテインメントが生まれた、と。

華やかな業界に身を置く人が、どんなに笑っていても
どこか寂しそうに見えるのは、そのせいかもしれない。
寂しさが強ければ強いほど、きっと強烈な光を放つのだ。

それなら、三省堂書店有楽町店は、いつにもまして、
お祭り騒ぎになるかもしれない。寂しいからこそ、楽し
い本をにぎやかに展開して、終わらない遊園地のような
お店を作ろう。

そんなお店に引き込まれ、居心地が良すぎて就職まで

してしまった私は、もしかしたら相当寂しかったのかも
しれないと、今になって思う。

書店はいつまで、無料で紙袋を提供できるだろうか。

子供の頃、休日に連れて行ってもらった大型書店の帰り道は、私も親もそれぞれ紙袋を手に提げていた。

何冊かまとめて買ったとはいえ、子供が持てる重さである。今よりも紙の手提げに入れてくれるハードルは、明らかに低かった。

それから数十年後、書店で働くようになって、まず本の利益率の低さに仰け反った。私が以前働いていたアイスクリーム屋では従業員割引が30％で、半額じゃないのかよーと残念に思ったものだが、書店なら30％でも、大出血で死んでいる。

さらに備品として毎日補充している紙袋の値段を知り、バターンとひっくり返った。書店のロゴが印刷された紙袋は重さ2キロにも耐える頑丈な作りで、それはそれは高級品なのであった。さらに、場合によっては、底にボール紙を敷く。これがまた、バカ高い。紙袋より高いってどういうことだ。おまけに心配だからと、その上からもう1枚紙袋を重ねたりすることもある。雨ならまたその上に、ビニールの雨よけカバーをかける。

もう怖いから、経費を計算したくない。給料をもらってごめんなさい。

何も知らなかった無邪気なあの頃に戻りたい。

　週刊のコミック雑誌を、毎週１冊買うおじいさんがいた。ビニール袋に入れようとすると、紙袋に入れてほしい、と必ず言う。その上、紙袋をあと数枚、その中に入れておいてほしいと言う。

　買った本は１冊だから、小分け用の袋ではない。

　途中で底が抜けることが絶対にないとは言えないが、こちとら「２キロ提げても大丈夫ー！」な紙袋である。

　１人につき１枚という決まりがあるわけでもないが、何度目かの対応をした時、さすがにお断りした。おじいさん、それ度が過ぎているよ、と私は思った。おじいさんは「すんませんすんません」と頭を掻いて、紙袋１枚で帰った。

　ように見えたが、実は私の目を盗んで、研修中の札を下げたアルバイトの子に紙袋を大量にもらったことが後で判明して、心が折れた。すんませんすんません。もうどうしたらいいかわかりません。

　アイスクリーム屋のスプーンだって、プレゼント包装のリボンだって、お店屋さんの備品にはすべてお金がか

かっている。小売で働くようになって、そういうことの想像ができるようになった。悪く言えば、想像をしないことができなくなってしまった。

　でも、変な我慢はしないようにしている。スプーンなしでアイスに齧り付いたら、知覚過敏の歯にしみて味わうどころではなくなる。単行本をまとめて5冊買って、高いだろうからって紙袋を遠慮して、ビニール袋まで遠慮して、腕に抱えて満員電車に乗って帰ったら、もう二度と本なんて買って帰りたくなくなる。お互いにとって、そんな悲しいことはない。

　先日、こだわりの有機野菜を使った食べ放題レストランで、皿にどっちゃりと残された料理を見たときに、ふと紙袋おじいさんのことを思い出した。食べたいと思ったのは本当だろう。欲望の赴くまま皿に取っても、支払うお金が変わらないのが、食べ放題のいいところだ。でも、たくさんたくさん残されてしまったら、やがてそのお店は「食べ残したら罰金〇円」と貼り紙をするしかなくなる。

　本当ならそんなことはしたくないはずだ。お客さんだって、いい気持ちはしない。

　お腹いっぱい食べてもらいたいから、食べ放題をやっ

ているのだろう。

　小売だって、出来る限りのサービスで、あそこで買ってよかったと思ってもらいたい。

　本屋という楽しい場所で、1.5キロ以上でないと紙袋には入れません、1.4キロだからダメですね、とか、そういうつまんないことは言いたくない。

　書店はいつまで、無料で紙袋を提供できるだろうか。

小脇に抱えて
様になるのは、
断然、水菜より本である。

コンビニで、紙パックのコーヒー牛乳を買ってから出勤している。缶コーヒー1本の場合、「そのままでもいいですか？」などと聞かれるのだが、500ミリリットルタイプは別添のストローが必要なので、店員は何も聞かずに流れるような動作でビニール袋に入れる。

「あっ！」と思ったときには遅かった。電子マネーでの会計は済んでいる。あとは紙パックとストローが入った袋を受け取るだけ。後ろには会計を待つ長蛇の列。

職場は目と鼻の先で、たった2分後にはその袋を捨ててしまうのだが、今さら言えなかった。「袋いらないです」とは。

書店のビニール袋も、入れてくれたのでそのまま受け取ったが、よく考えたら別にいらなかったという人は案外多いのではないだろうか。
カバンにすっぽり入るとか、車で来ているとか、袋がいらない状況はいくらでも思いつく。

先日、隣駅のスーパーに行ってみたら、レジで「袋は2円です」と言われた。立派な水菜を98円で買ったのだが、エコバッグは持っていない。

　それでも私は袋を買わなかった。入れてくれるなら断らないが、買うほどでもないだろう。
　むき出しの水菜は、見ようによっては花束に見えなくもない。

　もしこの「袋は2円」システムを書店に導入できたら、一体経費はどれだけ削減できるのだろうか。
　小脇に抱えて様になるのは、断然、水菜より本である。

焼き鳥丼でも
さば味噌定食でも、
嬉しかった。

午　後便で入荷した注目商品を、声掛けしながら納
　　　品するのは、T係長。声を出すことを苦手とす
る書店員が多い中、誰に言われるでもなく、ごく自然に
できてしまう珍しいタイプの女性だ。

　ビュッフェレストランの「タイムサービスのロースト
ビーフをご用意いたしました〜チリンチリ〜ン」的な、
スペシャル感を煽る興奮気味の声は、昼時で混雑する店
内でも十分に注目を集める。むしろザワザワしているか
らこそ生きるのであって、一日中張り上げていたらただ
の阿呆である。

「こちらに掲載のランチが、パスポートを見せるだけで
全て500円で食べられます〜」

　まさにこれからお昼を食べに行こうと、お財布を握り
しめたOLが足を止める。このあたりは観光地なのでラ
ンチが高く、500円で食べられる店なんて、まずない。

「唐揚げ定食〜カルボナーラ〜ユッケジャンにスープカ
レ〜」

首からIDカードをぶら下げた、体格のいいサラリーマンたちが、T係長の口上に振り返る。

　決められたお小遣いでやりくりする彼らは、なるべく安く腹を満たしたい。浮いたお金で仕事帰りの一杯が飲める。

　本を手に取って使用期限を確認している、デパートの紙袋を提げた主婦にも、T係長、会心の一撃。

「本体は1000円。ランチ2回で元が取れますよ！」

　爆発的に売れた。掲載のお店に行ってみれば、誰もが「ランチパスポートで」とオーダーしている。すごい、すごいよT係長！　三省堂書店のカバーが掛かったランパスを、料理が運ばれてくるまでの間、次はどこへ行こうかと、熟読している。

　自分のお店で買ってくれた本を、大勢の人が夢中になって読んでいる光景など、なかなか見ることができないものだ。

　たとえそのページが、焼き鳥丼でもさば味噌定食でも、嬉しかった。

触れたものみな
ポエティックに
してしまう。

行きがかり上、自作の歌詞を引用して、本の紹介文を書いた。いまだに口ずさめば涙ぐんでしまうほどの傑作大バラードだ。

　店頭にサングラスをかけた男が現れ、新井を出せと言った。身の危険を感じてバックヤードに隠れていると、男は大手レコード会社の名刺を残していった。それを知った店長は私を飲みに誘い、どうか店のことは気にせず後悔しない人生を歩んでくれ、と言った。店長の鞄からは、丸めたクタクタの『新文化』が覗いていた。私が歌詞を載せた号だ。俺はさ、本当はプロゴルファーになりたかったんだ。才能があるお前がうらやましいよ、と肩を叩い……。

　あっ。またミーティング中に寝てしまったようだ。
　夢はまた夢。

　書店員からバンドマンに……そういう夢を、確かにまだ、見ていた。今の仕事に不満はない。ただ、なれなかった何かに対する思いは、まだ苦いまま心の中にあり続ける。それを刺激するのが、最果タヒの詩だった。

彼女の詩集『夜空はいつでも最高密度の青色だ』は、魚からはらわたをやさしく引きずり出す。己のそれを見るときは、生きてはいないとき。見れば生きてはいけないもの。だから代わりに見てあげる。包丁を握っているのは私。

　あっ何言ってるかわかんねぇ。
　天才詩人最果タヒは、触れたものみなポエティックにしてしまう。

人間は本のようなものだ
という妄想は、
私を少し楽にさせてくれる。

『**あ**るかしら書店』は、絵本作家・ヨシタケシンスケさんが、本や書店にまつわる「あったらいいな」の妄想をイラストと言葉で綴った、オールジャンルタイプの本好きに対応する、最強の本好かせ本だ。

　その中に、「人間は本のようなもの」というページがある。本は、表紙を見ただけでは、中身のすべてはわからない。人間も、そこにある一人一人のストーリーは、顔を見ただけではわからない。
　人間の体に本の頭が乗った絵は一見シュールだが、言われてみればなるほどである。

　ふと、「イヤイヤおじさん」を思い出した。
　朝の満員電車でよく遭遇する、肘をぐーっと突っ張ってイヤイヤをするように体を捩るおじさん。みんな見て見ぬフリをして、じっと耐えている。不快なのはみんな同じ。いい年こいてみっともないし、そんなことをしたってくたびれるだけだろうに。

　理解ができないことをする人間の顔なんて見たくな

い。本にばかり向き合ってきた私は、しばしば生身の人間にうんざりする。

　しかし、おじさんが本だとしたら。
　誰かに優しく頭を撫でられたり、大切な人を護ったりするシーンはあっただろうか。どんな夢があって、どんなつらいことがあって、なぜ今「イヤイヤおじさん」なのか。うん、おもしろそうだ。読んでみたい。

　人間は本のようなものだという妄想は、私を少し楽にさせてくれる。

水の
いらない
ビオフェルミン本としても
オススメやねん。

胃 腸の弱い同僚の口癖は、「おなかぴーぴーやねん」（『火垂るの墓』の節子風に）。

先日の本屋大賞の司会っぷりから、「鋼の心臓」と呼ばれた私だが、実は胃腸も鋼でできていて、カビたパンはカビを取ればカビた事実をなかったことにできると思って生きてきた。

しかし、スーパーで半額になっていた見切り品の「くじらベーコン」に負けた。伊東 潤さんの『巨鯨の海』を読んで、あの力強く賢い鯨の肉を味わってみたいと思ってしまったせいだ。初めて食べたからだろうか。強力な鯨の脂は、鋼の胃腸をもってしても分解しきれず、どうしてくれる、ぴーぴーやねん、伊東さん。

レジの行列が途切れたタイミングでお手洗いへ行こうと、一歩カウンターから出たとたん、作者もタイトルも内容もわからない本のお問合せを受けてしまった。お客様は一体何をお探しなのだろうか。まだ「自分探し」のほうが見つけやすそうだ。禅問答のようなやり取りが続く。「うちなぁ、おなかぴーぴーやねん！」と心の内で

叫んだ。

　しかし、誉田哲也さんの『ケモノの城』で、ヨシオに
監禁された人たちはどうだ。お手洗いに行くことが許さ
れるのは1日1回、それ以外は空のペットボトルをあて
がわれる。粗相をすれば、骨が見えるまで指をペンチで
潰され、コンセントにつながった電線の先で「はい、通
電」のお仕置きだ。

　ヨシオの顔を思い浮かべれば、ぴーぴーなんてスパッ
と止まる。水のいらないビオフェルミン本としてもオス
スメやねん。

袋で儲ける
つもりなんて
ないんだから、
好きなほうを
選んでくれ。

地元のコンビニで、おやつと一緒に買う週刊誌。
　さすがに汁だくのおでんとは別にしてもらう
が、菓子パンと一緒にレジ袋に放り込まれることも珍し
くはない。

　その袋は2本の持ち手を腕にかけると口のほうが窄_{すぼ}ま
るため、必然的に雑誌はたわむ。しかし、その雑な感じ
が嫌かというとそんなことは全然なく、むしろ好もし
い。

　書店のレジで10年、雑誌を丸めるなんてもってのほ
か、表紙にシワも指紋も付けないよう、細心の注意を払
って販売してきたことへの反動かもしれない。

　私は雑誌が大好きだが、雑に読めるところが好きなの
であって、コレクションする趣味は全くないのだった。

　私の働く書店では、店のロゴが入ったマチのないビニ
ール袋を採用している。だが、大型チェーンでなけれ
ば、その印刷がない場合も多い。ペラペラで持ちにくく
ても、書店の利益率を考えるとあれが最大限のサービス
なのだ。決してケチケチしているわけではない。

　書店は本の専門店だが、販売価格はコンビニと同じで
ある。しかし、専門店には常に高いサービスが求められ

る。コンビニ袋に入れて本を渡す書店はないのがその証拠だ。許されるのは、商店街の古本屋くらいである。

　こんな実験をしてみたい。
【厚手で持ちやすくリニューアルされた、ロゴ入りのおしゃれなビニール袋を有料でご用意しました。ただし、無地のコンビニ袋は無料です】
　どれほど売れるのか想像もつかないが、5000円くらいする学術書をコンビニ袋にひょいと入れて歩いていたら、それはそれでこなれていて、ちょっとかっこいいような気がしないでもない。
　いいんだ、別に袋で儲けるつもりなんてないんだから、好きなほうを選んでくれ。

棚整理が終わったことは
一度もない。

開店時間は10時だが、早番は6時台に出勤することもある。4時間も何をするのかといえば、朝の光が差す静かな店内で、担当ジャンルの新刊を精読している。これを書店用語では「検品」と言い、品質保持だけでなく商品知識を高めるためにも欠かせない仕事なわけないだろこのやろう。

　勤務時間中に読書をしたことなど一度もない。パラパラと内容を見ることはあるが、それはせいぜいラーメン屋がスープを味見するようなものである。腹が減っているときには、逆に酷だ。

　まずはひたすら棚整理。自宅の本棚は常に雪崩れる5秒前だが、それと仕事っぷりは比例しない。

　せり上がった帯を直し、飛び出たスリップを元に戻し、角を整え、減った本を補充する。はたきを肌身離さず持って、腰を屈めたままサーチライトの目で、店内の端から端までを高速移動する。

　すると驚くものを発見した。Take Freeと記された「タイ・プーケット」版のパンフレットが、しれっと『るるぶ』のような顔で棚に並んでいる。どうしてこう

なった。うちはJTBではない。あまりに違和感がなく、うっかり隣の商品と一緒にもらって帰ってしまいそうだ。旅行を売らないのにFreeでTakeされては、もう旅行を売るしかないのだろうか。

　驚くのはまだ早かった。『地球の歩き方』や『ことりっぷ』など、ありとあらゆるフランスガイドが、ガイドコーナーの隅っこで回転寿司の食べ終わった皿のように山積みになっていた。なんて斬新な積み方。おそらくフランスへボヤージュすることで頭がいっぱいで、戻し忘れてしまったのだろう。良い旅を！　あなた、きっとパスポートを忘れるシルブプレ。

　きつく結んだはずのビニール紐から、コミック雑誌が脱出していた。マジシャンか。その技でお金を稼いで、いつか立ち読みせずに買える日が来るといい。

　いてっ。雑誌の奥に、つまようじが転がっていた。昼休憩でカツ丼か何かを食べた後、くわえたままお立ち寄りいただいたんだな。それをとりあえずポケットに仕舞ったところで、すでに残り時間は少なかった。急がなくては。ブックトラックには補充品が山積みである。このあたりで朝礼当番だったことに気付くと、もう終わったな……という感じ。

この10年間、棚整理が終わったことは、一度もない
のだが。

値引きシールを
本に貼ってもいい日が
来ないことを
祈っております。

仕 事帰り、スーパーで見つけた見切り品19円の
もやし。

　ごま油と塩胡椒で和えて、ほどよくしんなりしたら食
べることにしよう。

　だが、読書が楽しくてつい5時間常温で放置してしま
った。今は真夏、しかも熱中し過ぎてクーラーを点ける
ことすら忘れていた。

　もやしは傷みやすいと聞いたことがあるが。

　どんなに安く手に入れても、食べずに捨てては元も子
もない。「得した」気分から一転、「損した」と感じる
と、人は大きな精神的ダメージを受けるものだ。それは
なんとしてでも避けたい。

　明け方、私は見事に腹を下し、トイレの床でトイレッ
トロールを枕に、小窓から差し込む朝日を見上げるはめ
になった。甚大な「肉体的」ダメージを受けている。

　もやしは定価39円だ。消費期限ギリギリで、たった
20円しか安くなっていない。20円のために、私は20円

分以上のトイレットペーパーを消費してしまった。水だってただではないし、時間なんてプライスレスだ。そもそも私はスーパーへもやしを買うために立ち寄ったのではない。定価なら確実に買わなかっただろう。

　何故買った。見切りシールが貼ってあったからだ。

　20円高かったらもやしが買えないほど困窮しているわけではない。シールが目に入ってしまった以上、買っておかないと損をしたような気になるから、それを避けるためだけに買ったのだ。そりゃあんた、お値段がんばってるもやしに失礼だよ。

　もやしを恨めたら、精神的ダメージからは救われたろうが、すべては己の卑しさゆえである。救いようがない。

　見切り品は魅力的だが、つい惑わされて、本当に欲しいものを見失ってしまう。

　もし新刊書店で値引きシールを貼った本が紛れ込んでいたら、私は本当に読みたい本を選ぶことができるだろうか。たまたま買おうと思った本にシールが貼ってあっただけだ、とどうして言い切れる？

　私は卑しい人間です。どうか、値引きシールを本に貼ってもいい日が来ないことを祈っております。

中身を見た目に
合わせるのは、
コナンより
簡単なはずだ。

見た目は大人、頭脳は子供、その名は書店員アライ！　テレッテ〜テレッテ〜……

　いまだに独身だからか、母親になった同級生たちより、ずいぶん幼く見られる。だが、それにしたって、どっからどう見てもいい大人だ。コンビニで「氷結」を買っても、お父さんのおつかいには見えない。しかしわかりきってはいても、年齢確認ボタンをタッチしなければならない。

　もしあの確認が「20歳以上ですか」ではなく「中年ですか」だったら、「はい」を押すだろうか。たとえば40歳になった私は、胸を張ってビシッと押せるだろうか。

　中年とは、青年と老年の間の頃。中年太りとか、中年うつとか、あまりいいイメージがないけれど、いい年こいてちゃんと中年になれていないのも問題だ。

　ナナトエリさんのマンガ『未中年』は、ラジオパーソナリティでコラムニストのジェーン・スーさんが原作。

「40過ぎても気持ちはまだ未中年」という作中の台詞で、『名探偵コナン』のテーマが私の頭に流れた。「見た目は大人、頭脳は子供」。いや、このままいくと数年後には「見た目は中年、頭脳は衰え、心は未熟」だ。それはつまり残念な大人である。

　いつになったら、心の成熟が体の老化に追いつくのか。はやく立派な中年になりたい。

　中身を見た目に合わせるのは、コナンより簡単なはずなのだが。

点、ありますか。

日も本を買った。

　本を買う行為は点だが、それはどこかの点から線でつながっている。

　10年前からだったり、その点をもう憶えていなかったりもするが、今日のそれは、記憶に新しい数時間前の点。こういう勢いのある買い物って、クラクラする。

　ランチタイムも過ぎた頃、チェーンのとんかつ屋へ行くと、中に入れなかった。

　入口で客が団子になっている。

　どうにか中に入ると、中国人と思しき2世代ファミリーが、食券を購入していた。

　これから食べるとんかつに興奮しきっているのだ。座席は彼らの連れ以外ガラガラなのに、券売機には10人弱の日本人が静かに並んでいる。

　もとよりとんかつ屋には選択肢が少ない。

　何かつ定食か、それだけを決めるのに何故そこまで盛り上がれるのか。ようやくおばあちゃんが券を手に入れると、今度は孫が券を買う。両親は急かすどころか、座席からビデオカメラを回していた。最強だった。

　思いっきりフレームインした他の客の表情に目を向けることは、きっと未来永劫ない。なくていいと思う。

彼らを急かし、「申し訳ない」という気持を引き出して溜飲を下げるのは困難を極めるだろう。それより、並びのカレー屋でカツカレーを食べた方が手っ取り早い。元来、私はそういうタイプだ。

　だが、そうしなかった。ただ動けなかったのである。

　その中国人が発散する「幸」に圧倒されて。

　中国に旅して、地元の人が通う食堂でお粥を啜ったら幸せだろうと思うが、3回生まれ変わっても彼らほど楽しみきれる気がしない。バンドを追っかけて大阪に行って「大阪サイコー！」と煽られると、拳を半分までしかあげられないような人間である。より幸せに生きることが人間の目的だとしたら、基本的に生物として負けている。

　……という思考の点が数時間後、本屋でつながった。

　パッと開いた短歌に。

　雪のなかソフトクリーム食べせせあう中国人の幸のはげしさ

　並んだ本を手に取るのは、なんとなくである。その中で、購入に至るには理由がある。それを無関係な他人が

コントロールするのは、あの中国人ファミリーに「はしゃいですいません」と思わせるくらい難しいことではないのか。まず思わないだろうし、別に無理に思わせたくないし、今さら思われても気味が悪い。

　結局は自分の中にある点が本を選ぶ。

　本を売る仕事をしているが、私はそれをよく知っている。

　だから10年やっても、自分が売ったのではなく、お客さんが買ったのだとしか思えない。

　……と長々綴りましたが、それを一首にしてしまった歌集はこちらです。

　雪舟えまさん『はーはー姫が彼女の王子たちに出逢うまで』

　点、ありますか。

彼はまだ、
電車に
乗ってこない。

樋 ひ

ぐちたけひろ口毅宏さんの『アクシデント・レポート』を、ここ2週間持ち歩いていた。600ページ超、ハードカバーの2段組で、価格は3100円（税別）。一般的な単行本の倍の値段と、倍以上のボリューム。買ってもらう気がないのか？

いくら私が彼のファンだからといって、これを山積みするほどクレイジーな書店員ではない。

だが、真っ黒い表紙にカバーは掛けず、電車の中でそれを読む私は、クレイジーではなく、最高にクールだ。

だからちびちびと、電車の往復にしか読まないと決めて、2週間も長引かせた。自宅で読むなんて、もったいない。

インスタに投稿したそれは、パフェとパンケーキに挟まれ、ほとんどアクシデントだった。

私は常に、SNSをする自分を観察する自分のためにSNSをする。

それでわかったことといえば、私の「本が好き」という100の気持ちのうちの何％かは、「本が好きな私が好き」という気持ちである、ということだ。

だからもう、「純粋に本が好き」幻想とはおサラバしよう。アホらしい。どんな大恋愛にだって打算はある

し、他人の目なくしてなりたい私にはなれない。

　不純な動機を公表してもなお、私が本を読む姿はかっこいいはずだ。

　スマホに文字を高速で打つ姿より、文字がびっちり詰まった真っ黒いページを高速でめくる姿を、好きな人には目撃してほしい。

　私が恋するステージの君が、たまたま同じ電車に乗り合わせて、彼に気付かず読み耽る私に恋をするといった妄想なら、飽きるほどしている。

　そんな下心で買った『アクシデント・レポート』だが、最高に面白かった。

　彼はまだ、電車に乗ってこない。

聞かれなくても
オススメです！って
言いふらしたい本。

こ　れだよ。キタキターこの感覚！　実用書担当に
　　なって、ダイエットにも占いにも目を配ってい
たけれど、やっぱりくいしんぼうな俺のハートを最初に
撃ち抜いたのはお料理本だった。『ゆる自炊BOOK』の
おかげで、もう料理が楽しくて仕方ない。願わくは、ピ
アノのバイエルのように、初めて自炊をする人全員が最
初にこの本を手に取ってほしい。

　不動産屋さんと契約をすると、引越し屋や通信会社か
らバンバン宣伝の電話がかかってくるが、本当に有効な
情報を提供するものとして、わたくしが電話をおかけし
たいくらいだ。

　近所のスーパーでいつも安く買える、もやしや豆腐を
使った簡単レシピ、そう、それな！　IHの口が1つし
かないなら、電子レンジで魚料理のプレートを。パスタ
鍋を仕舞う場所がないなら、フライパンひとつでできる
クリームパスタを。

　にんにく「ひとかけ」ってチューブ入りなら何センチ
なの？　黄色くなったブロッコリーはどうしたらいい
の？　お料理ビギナーが疑問に思う点をすべて先回りし
ているくせに、文体はゆるーい。ちょっと手を抜いても

一緒に笑ってくれる、こういう友達がほしかった。

　最後のほうにちょこっと、スタンダードな家庭料理レシピも掲載。これって、そういう人ができた時に作るやつだよね。ひとり暮らしって、そういう可能性があるってことだもんね。ドキドキ……。アーン、なんて気が利いているの！

　聞かれなくてもオススメです！　って言いふらしたい本に出会えると、本屋の仕事は楽しい。

本日の売上げを賭けた、
神経衰弱のような
棚整理をするだけだ。

書 店員の棚整理には、平積みの一番上の本を時折持ち上げてみる、という重要な仕事がある。本来の平積みの上に、1冊だけ別のタイトルが載っていることがたまにあるからだ。正当な権利を与えられてそこに積まれた本たちは、誰かが間違えて戻した本の下敷きになり、憐れにもじっと気付かれるのを待っている。

　勘がいい書店員は、あるべき本が見えない、左右前後との並びがおかしい、などの理由ですぐ事態に気付くのだが、残念な書店員は、持ち上げてみることもせず、無駄にぴしっと角を揃えたりして、気付かないどころか、余計に気付かれにくくさせてしまう。こういう鈍チンは論外だが、前述の違和感は全く感じさせずに、下敷きになってしまう本もある。それは、サイン本だ。

　正しい平積み場所ではあるのだが、問題は順序で、サイン本がサイン本じゃない本の下敷きになってはいけないのである。

　貴重なサイン本は、汚れないようにビニールパックをして、サイン本シールを貼って店頭に出す。しかしお客様は、サイン本を買う前に内容を確認したい。数冊のサイン本の下の、ビニールパックされていない本をジェン

ガのようにそうっと引き出し、しばらく立ち読みをした後、本を左手に閉じて、右手で一番上のサイン本を取り、その上に左手の本を戻す。

　お気付きだろうか。サイン本の上にサイン本でない本が重ねられたため、サイン本の存在が誰にも気付いてもらえない状態になってしまった。私はこれを、バーガートレイ現象と呼ぶ。

　セルフサービスのハンバーガー屋は、トレイを自分で返却場所に戻す、というルールがある。それを破るとどうなるか。混雑しても、その席だけは空席であることに気付いてもらえない。店内にお客様がひとりもいなくなった後、事態に気付いた店員は、相当なショックを受けるだろう。店内は満員で、表にも行列ができていたのに。その席だけは回転率が最悪だ。
　バーガートレイ現象によって、欲しかった人の手に渡らない。この怒りと悲しみをどこへぶつけたら良いのか、ハンバーガー屋と語り明かしたい。

　しかしハンバーガー屋と本屋には決定的な違いがある。

返却台があるのにトレイを片付けないのはルール違反
だが、下の本を引き抜いて上に戻すくらいで、その言葉
を使いたくない。上から3番目の本は上から必ず3番目
に戻してください、なんて言うほうが、クレイジーな感
じがする。

　だから我々にできることはただひとつ。

　本日の売上げを賭けた、神経衰弱のような棚整理をす
るだけだ。

みじかめのおわりに

　満員のライブハウスで、ひとしきりの歓声が止んだ後、ボーカルが言った。

「あなたのために歌います」

　そこには何の嘘もなかった。言葉通りの意味である。

　そのハコに歌を聴く人がいなければ、彼が歌う意味はない。紛れもなく、ここに立つ私のために歌っているのだ。ただ、「あなただけに」ではないだけだ。そのことに、一体どれほどの意味があるだろうか。

　つまり、本も「あなただけに」書かれたわけではないが、あなたが読むのなら、あなたのために書かれているのである。

　私は、書店や書店員が特別なものだと思わせるような本を出すのが嫌だった。

　ここは本を売っているただの店屋であり、大切なものは、自分と本の間だけにある。

　誰も介入できない、とても密で、閉じた世界だ。

その宇宙みたいなものを知っているから、レジに立つ
のが止められないだけなのだ。

みじかめのおわりに

　満員のライブハウスも、ひとしきりの歓声も、今は昔。
　1年前のチケットを握りしめてライブハウスへ駆け付けると、テープで区切られた客席は奇妙にスカスカだった。声を上げることを禁止された観客は、何も聴こえていないかのように、押し黙るしかない。

　『本屋の新井』を出版してから3年が経った現在、私にも大きな変化があった。
　勤めていた本屋を退職し、別の本屋で働き始めたのである。
　同じ本屋といえども、その規模はスタンダードプードルとトイプードルくらいの差があり、とても同じプードルとは思えない。そこが面白いではないか。「経験が足りない」と私に説教をした先輩書店員は、結局ひとつの会社でしか働いていない。どうせなら、思い切って転職をしたほうが、経験値は上がるのではないだろうか。
　なんていうのは、たった今思いついたもっともらしい理由で、私はいつだって行き当たりばったりで、ほとん

ど何も考えていない。説教のこともすっかり忘れていた。あの人、元気かな。

　職場が変わったのは、近所の家でトイプードルがたくさん生まれて、気付いたら家に1匹いた、という感じの成り行きだ。そういえば有楽町の本屋で働き始めた時も、そんな感じだった。

　それは、かき氷屋だったかも、煙突掃除屋だったかもしれないのだが、『本屋の新井』が文庫化する時に、まだしつこく「本屋の新井」だったのだから、よっぽど本屋が楽しいのだろう。

　墓場みたいなライブハウスでも、ステージのバンドマンは「あなたのために歌います」と言った。あんたそういうとこ、変わらないよね。

　私も相変わらず、本屋の新井です。

本書は二〇一八年十月に小社より単行本として刊行され、文庫化に際しあとがきを加筆しました。

|著者|　新井見枝香　1980年東京都生まれ。書店員・エッセイスト・踊り子。文芸書担当が長く、作家を招いて自らが聞き手を務めるイベントを多数開催。ときに芥川賞・直木賞より売れることもある「新井賞」の創設者。「小説現代」「新文化」「本がひらく」「朝日新聞」でエッセイ、書評を連載し、テレビやラジオにも数多く出演している。著書に『探してるものはそう遠くはないのかもしれない』『この世界は思ってたほどうまくいかないみたいだ』がある。

ほん　や　　あら　い
本屋の新井

あら　い　み　え　か
新井見枝香
© Mieka Arai 2021

2021年9月15日第1刷発行

講談社文庫
定価はカバーに
表示してあります

発行者——鈴木章一
発行所——株式会社　講談社
東京都文京区音羽2-12-21　〒112-8001
電話　出版　(03) 5395-3510
　　　販売　(03) 5395-5817
　　　業務　(03) 5395-3615
Printed in Japan

KODANSHA

デザイン——菊地信義
本文データ制作—講談社デジタル製作
印刷———豊国印刷株式会社
製本———株式会社国宝社

ISBN978-4-06-524970-3

講談社文庫刊行の辞

二十一世紀の到来を目睫に望みながら、われわれはいま、人類史上かつて例を見ない巨大な転換をむかえようとしている。

世界も、日本も、激動の予兆に対する期待とおののきを内に蔵して、未知の時代に歩み入ろうとしている。このときにあたり、創業の人野間清治の「ナショナル・エデュケイター」への志を現代に甦らせようと意図して、われわれはここに古今の文芸作品はいうまでもなく、ひろく人文・社会・自然の諸科学から東西の名著を網羅する、新しい綜合文庫の発刊を決意した。

激動の転換期はまた断絶の時代である。われわれは戦後二十五年間の出版文化のありかたへの深い反省をこめて、この断絶の時代にあえて人間的な持続を求めようとする。いたずらに浮薄な商業主義のあだ花を追い求めることなく、長期にわたって良書に生命をあたえようとつとめるところにしか、今後の出版文化の真の繁栄はあり得ないと信じるからである。

同時にわれわれはこの綜合文庫の刊行を通じて、人文・社会・自然の諸科学が、結局人間の学にほかならないことを立証しようと願っている。かつて知識とは、「汝自身を知る」ことにつきていた。現代社会の瑣末な情報の氾濫のなかから、力強い知識の源泉を掘り起し、技術文明のただなかに、生きた人間の姿を復活させること。それこそわれわれの切なる希求である。

われわれは権威に盲従せず、俗流に媚びることなく、渾然一体となって日本の「草の根」をかたちづくる若く新しい世代の人々に、心をこめてこの新しい綜合文庫をおくり届けたい。それは知識の泉であるとともに感受性のふるさとであり、もっとも有機的に組織され、社会に開かれた万人のための大学をめざしている。大方の支援と協力を衷心より切望してやまない。

一九七一年七月

野間省一

富樫倫太郎
スカーフェイスⅣ デストラップ
《警視庁特別捜査第三係・淵神律子》

同僚刑事から行方不明少女の捜索を頼まれた律子に復讐犯の魔手が迫る。《文庫書下ろし》

小野寺史宜（おのでらふみのり）
縁（ゆかり）

嫌なことがあっても、予期せぬ「縁」に救われることもある。疲れた心にしみる群像劇!

佐々木裕一
千石の夢
《公家武者信平ことはじめ(五)》

あと三百石で夢の千石取りになる信平、妻と暮らすため京へと上る! 130万部突破時代小説!

新井見枝香
本屋の新井

現役書店員の案内で本を売る側を覗けば、本を買うのも本屋を覗くのも、もっと楽しい。

宮内悠介
偶然の聖地

国、ジェンダー、SNS──ボーダーなき時代に鬼才・宮内悠介が描く物語という旅。

酒井順子
次の人、どうぞ!

自分の扉は自分で開けなくては! 稀代の時代ウォッチャーによる伝説のエッセイ集、最終巻!

藤野嘉子
60歳からは「小さくする」暮らし
生き方がラクになる

還暦を前に、思い切って家や持ち物を手放したら、固定観念や執着からも自由になった!

舞城王太郎
私はあなたの瞳の林檎

あの子はずっと、特別。一途な恋のパワーが炸裂する、舞城王太郎デビュー20周年作品集!

飯田譲治
協力 梓 河人
NIGHT HEAD 2041（下）
ナイトヘッド

二組の能力者兄弟が出会うとき、結界が破れ、地球の運命をも左右する終局を迎える!

望月拓海
これでは数字が取れません

稼ぐヤツは億って金を稼ぐ。それが「放送作家」って仕事。異色のお仕事×青春譚開幕!

創刊50周年新装版

相沢沙呼　medium（メディウム）
霊媒探偵城塚翡翠

死者の言葉を伝える霊媒と推理作家が挑む連続殺人事件。予測不能の結末は最驚＆最叫！

朝井まかて　草々不一

仇討ち、学問、嫁取り、剣術……。切なくも可笑しい江戸の武家の心を綴る、絶品！短編集。

五木寛之　青春の門
〈第九部　漂流篇〉

シベリアに生きる信介と、歌手になった織江。2人の運命は交錯するのか──昭和の青春！

多和田葉子　地球にちりばめられて

言語を手がかりに出会い、旅を通じて言葉のきらめきを発見する女医の姿。もう一つの感動作！

南　杏子　希望のステージ

舞台の医療サポートをする女医の姿。『いのちの停車場』の著者が贈る、もう一つの感動作！

岡本さとる　雨やどり
〈駕籠屋春秋　新三と太十〉

身投げを試みた女の不幸の連鎖を断つために駕籠舁きたちが江戸を駆ける。感涙人情小説。

神護かずみ　ノワールをまとう女

裏工作も辞さない企業の炎上鎮火請負人が市民団体に潜入。第65回江戸川乱歩賞受賞作！

高田崇史　京の怨霊、元出雲
〈古事記異聞〉

出雲国があったのは島根だけじゃない！？朝廷が出雲族にかけた「呪い」の正体とは──

大沢在昌　ザ・ジョーカー
〈新装版〉

着手金百万円で殺し以外の厄介事を請け負う男・ジョーカー。ハードボイルド小説決定版。

加納朋子　ガラスの麒麟
〈新装版〉

女子高生が通り魔に殺された。心の闇を通じて犯人像に迫る、連作ミステリーの傑作！

講談社文芸文庫

松岡正剛

外は、良寛。

良寛の書の「リズム」に共振し、「フラジャイル」な翁童性のうちに「近代への抵抗」を読み取る果てに見えてくる広大な風景。独自のアプローチで迫る日本文化論。

解説=水原紫苑　年譜=太田香保

ま L 1

978-4-06-524185-1

柳　宗悦

木喰上人

江戸後期の知られざる行者の刻んだ数多の仏。その表情に魅入られた著者の情熱によって、驚くべき生涯が明らかになる。民藝運動の礎となった記念碑的研究の書。

解説=岡本勝人　年譜=水尾比呂志、前田正明

や P 1

978-4-06-290373-8

❀ 講談社文庫　目録 ❀

2021 年 6 月 15 日現在